TURING

站在巨人的肩膀上

Standing on the Shoulders of Giants

TURING 图灵新知

写作脑科学

脑科学

屠龙的高效
写作指南

杨滢 著
(@屠龙的胭脂井)

BRAIN
SCIENCE
WRITING

人民邮电出版社
北京

图书在版编目（CIP）数据

写作脑科学：屠龙的高效写作指南 / 杨滢著. --
北京：人民邮电出版社, 2022.7
（图灵新知）
ISBN 978-7-115-59231-6

Ⅰ. ①写… Ⅱ. ①杨… Ⅲ. ①脑科学－应用－写作－
研究 Ⅳ. ①H05

中国版本图书馆 CIP 数据核字 (2022) 第 073674 号

内 容 提 要

人对于什么样的故事和文字有偏好，在认知科学的研究中有很多实用的成果。掌握了这些认知规律，我们可以利用它们更有效率地写出吸引人的文章。

本书从认知科学的角度，分析了人类喜欢什么故事和文章结构。从第 2 章到第 4 章，本书讲解了宏观快速写作：如何迅速写出一个段落，如何根据脑科学原理来迅速构建故事，其中涉及可读性和比喻、拟人、排比三种修辞的运用。第 5 章介绍了五大写作原理：如何写出吸引人的文字（肾上腺素）、如何激发读者的"代入感"（镜像神经元）、如何让读者觉得高潮迭起（多巴胺）、如何让文字升华（GABA）、如何激发读者的内心情感（催产素）。对于每一个写作原理，本书都深入地进行了阐述和分析，并指出了构建故事和训练写作的步骤与方法。第 6 章来到了故事构建的最后一步：宏观与微观的接口，讲解了文字流畅和连贯的秘诀。第 7 章讲解了在议论文中如何构建说服力。

在最后一章，本书用认知科学的方法来分析世界流传的经典文学作品：这些文学作品到底符合了什么样的人脑工作原理，才使得它们一代代地被流传下去。

本书适合学生和所有内容创作者阅读。

◆ 著　　　　杨　滢（@屠龙的胭脂井）
　　责任编辑　乐　馨
　　责任印制　彭志环
◆ 人民邮电出版社出版发行　　北京市丰台区成寿寺路 11 号
　　邮编　100164　　电子邮件　315@ptpress.com.cn
　　网址　https://www.ptpress.com.cn
　　三河市中晟雅豪印务有限公司印刷
◆ 开本：880×1230　1/32
　　印张：6.75　　　　　　　2022 年 7 月第 1 版
　　字数：143 千字　　　　　2025 年 4 月河北第 13 次印刷

定价：59.80 元

读者服务热线：(010)84084456-6009　印装质量热线：(010)81055316
反盗版热线：(010)81055315

你曾经为写作头疼吗？你曾经打开一个空白文档，盯着光标一上午不知道第一个字从哪里来吗？你曾经为命题作文绞尽脑汁，削了 10 根铅笔，揉了 50 团废纸，依然毫无头绪吗？

以上这些都是正常人的"症状"：无论是学生还是早已踏入社会的成年人，都曾在完成课堂作文或工作报告等时，为写作而苦恼。但是，这些苦恼基本上无法靠目前市面上的参考书和语文课堂来完全解决。

为什么呢？因为市面上绝大多数参考书和语文课堂的教学集中在解决这样一个问题："如何把文字写好、修改好？"写作的参考书和语文课堂无法解决下面两个问题。

1. 如何迅速写出一篇文章？即很快地找到角度，很快地形成段落，很快地写出一个完整的故事架构。
2. 如何使得故事引人入胜？

这两个问题可以分别定义成"快速写作"和"宏观写作"[1]。

其实在我看来，写作训练本质上包含三个方面的技巧：快速写作、宏观写作和微观写作。简单说，快速写作是指写得快；宏观写作是指有观点有故事；微观写作是指文字运用能力，比如善用修辞、文法精致。

目前市场上绝大多数作文书和语文课堂教的是微观写作，而快速写作与宏观写作几乎从来无人提及，所以不论看多少书，很多人的写作还是有问题：我根本不知道写什么，不知道如何来构建故事架构，不知道如何快速成文，光修改文字又有什么用呢？

巧妇难为无米之炊。没有文章，又怎么能把文章修改好呢？要知道，写好一篇文章的前提，是首先得写出来一篇文章啊！

那么，为什么一直无人来教快速写作与宏观写作呢？因为快速写作与宏观写作，实际上是和语文基本无关的东西。语文，顾名思义，本质上是教语言和文学的，也就是一句话写得是否通畅，是否精巧，是否贴切，是否引经据典。语文，并不涉及"内容创作"。

内容创作的本质是探查人心：人需要什么故事？故事该怎么编排？起承转合如何把握节奏？段落安排如何实现闭环？还有才子佳人、英雄好汉、幽默丑角如何穿梭出场？此处到底是要抒发感情、升华主题，还是要插科打诨、一笔略过？这些内容创作方面的东西涉及的都是心理学和脑科学的范畴。遗憾的是，过去的几千年没有脑电、眼动和磁共振等一系列脑成像的研究方法，因此"探查人心"的技巧就像讳莫如深的"黑魔法"：似乎有人能够习得，而其他人始终无门可入。

当一件事情可以测量之后，就会产生理论的体系，就会逐渐地从"技艺和经验主义"走向"科学与实验"。例如，曾经的医学是技艺和经验主义，但在有了现代的检测和诊疗体系之后，医学就变成了科学与实验；曾经的精工也是技艺和经验主义，但在有了现代的精密制造之后，精工就变成了大规模的生产。内容创作也是如此，当不了解读者的心理时，我们就不知道怎么"反向工程"（reverse engineering）它。而当知道了大脑吸收故事和理论的规律时，我们利用这些规律进行反向工程，就可以产生内容创作的科学。

这种"反向工程"就是"黑客"技术。在很多人的思维里，"黑客"是一个略微贬义的词：掌握电脑编程的人，通过解密别人的程序来盗取信息——这样的人就叫黑客。但其实"黑客"来源于英文 hack，它可以与"盗取"无关，也可以与"编程"无关。我们可以将它理解为：当了解了一件事的规律之后，反向利用这个规律，创造新的产品。

内容创作也是在创造产品，甚至不仅仅是创造一个产品，而是创造无数产品：当拥有了一个绝妙的故事时，我们就创造了无限的可能性。

因此，我写这本书的意义并不仅仅在于教授写作，更在于教授内容创作。中国的内容创作产业还远远没有发展起来，而未来的几十年，内容创作这个领域将衍生出无数的工作机会，表现出巨大的发展潜力。为了说清楚这个问题，我来给大家讲两个小故事。

第一个故事：帕丁顿火车站的小熊

2018 年，我和老公去英国旅行，因为我一直特别喜欢帕丁顿熊的故事，所以我们直接去了帕丁顿火车站的专卖店。

去了帕丁顿火车站之后，有两件事情让我惊呆了：帕丁顿火车站的狭小与陈旧，还有帕丁顿熊的昂贵。原来帕丁顿火车站只是一个普通的火车站，比北京南站小很多，像是一个县城的中转站而已。原来动画片里那个乡下小熊来伦敦的梦幻故事，只是发生在一个现实中非常老旧的小火车站。而帕丁顿熊在火车站的专卖店里，售价接近 40 英镑一只，折合人民币 300 多块钱。当时我就问了自己这样一个问题："同样一只帕丁顿熊，在中国生产的话，厂家的出厂价是多少？"我想这个答案应该是"不足 10 块钱"。

后续在英国旅行的几天，类似的事情发生了很多次。我不断感慨，英国人创造故事、创造精神产品的创意产业真是太厉害了：从《指环王》到《帕丁顿熊》，从福尔摩斯到哈利·波特，从皇室家庭到小猪佩奇，是一个个富有创意的故事构建了一个个强大的商业王国。

英国人就像这样以故事和创意建立起了强大的商业，靠无穷的想象力凭空创造出了一个大的产业，所耗费的资源可以忽略不计，所获得的利润则不可想象。伦敦旁边的温莎镇几乎完全靠温莎城堡和王室的故事来繁荣经济；而在约克郡，有一整条街都在贩卖哈利·波特的故事。

仅仅靠一个虚拟的人物、一部动画片、一个小动物形象，抑或是一个梦，就能创造出那么大的产业，养活那么多人——这在我看来，就是一件了不起的事情。

我又联想到我们国内在流水线上制造这些创意产品的工人：他们又赚多少钱呢？为什么英国人赚大头，我们只赚一点点呢？就是因为，英国人掌握了故事。掌握了故事就掌握了版权，版权就是创意产业链的上游：他们就是可以赚大头，还可以疯狂压制生产商的价格。

第二个故事：罗伯特·艾格的自传中重振迪士尼的故事

我最近读了一本好书，叫作《一生的旅程》，作者是罗伯特·艾格（迪士尼前首席执行官）。在他接手迪士尼的时候，迪士尼的销售已经远远不如皮克斯。为此，他做了一个调查，发现当时美国妈妈们最喜欢的动画角色都来自皮克斯动画工作室。因此他给自己定下了一个重要的 KPI①：要重振迪士尼 [2]。

重振迪士尼的第一步不是别的，是重振动画。所以，艾格历尽艰辛，成功地收购了皮克斯，后续又收购了漫威和卢卡斯电影两家公司。

这个策略十分成功：他把迪士尼集团又一次推向了顶峰。因此，我们从艾格的自传中明白了这样一个道理：重振迪士尼的关键就是重振故事。

---

① Key Performance Indicator 的缩写，意思是"关键绩效指标"。

　　这一点在艾格的这本自传里体现得淋漓尽致。艾格说"我们迪士尼最厉害的地方就是无与伦比的故事讲述能力"。虽然迪士尼的主要盈利业务在动画周边和迪士尼乐园，但是这些盈利业务都是依存于故事的。

　　如果没有动人心弦的故事，动画周边和乐园的产业也就成了无本之木、无源之水。

　　由上面两个小故事可见，写作不仅仅是写作，它还是创意产业的最上游：没有一个有灵魂的故事，很多产业是无法兴起的。

　　这是为什么呢？

　　因为我们人类的大脑就是喜欢听故事，故事能给我们带来我们所需要的幻想。如果没有幻想和故事，我们人类就不能称为人类。

　　我在读博士期间，曾经听过图灵奖获得者朱迪亚·珀尔（Judea Pearl）的一次演讲，他说："人类大脑的计算能够支撑幻想这个功能，幻想不存在的事物，使得我们能做出承诺和交换诺言，从而形成生产关系、统治和其他人类关系。"说完这段话，他在演示文档上展示了这样一句话（来自尤瓦尔·赫拉利的畅销书《人类简史》[3]）：

You could never convince a monkey to give you a banana by promising him limitless bananas after death in monkey heaven. （你永远无法通过承诺一只猴子"死后能到猴子天堂，有吃不完的香蕉"来说服它把香蕉给你。）

这句话的意思是，猴子是无法幻想"当前不存在"的事物的，我们人类的大脑是专门进化来幻想的。

幻想的功能是基于听故事的功能，故事帮我们幻想、论证、展望未来，以及建立起人类之间的各种关系。可以说，我们因听故事而会思想，我们因故事而陷入爱情、繁衍后代，我们也因故事而执着追求，不惜一切。

所以，在人类社会这个注重故事和社交的社会，要学会叙事，学会用叙事的方法来创作和辩论，来说服别人。这是一项重要的技巧，而这项技巧需要洞察人心。

我们必须明白，什么时候要加一点危险的情节，让读者的肾上腺素飙升；什么时候要加一些让读者有代入感的情节，让他们的镜像神经元活跃起来；什么时候要给出一个让人思索的结局，让读者感受到多巴胺的奖励，愉悦起来；什么时候又该调制亲情、友情和爱情交织的终极精神"鸡尾酒"。

我相信看到这里的很多读者应该已经被我说服了：内容创作能力是有助于在人类社会取得成功的重要能力，并不仅仅局限于日常的写作。内容创作基于两件重要的事情：快速写作与宏观写作。这两件重要的事情都跟读者的大脑相关，因此教授内容创作的事情，应该由脑科学家来做。

而我，就打算承担这个重任。我除了是一位在脑科学领域受过多年专业训练的人以外，也是一位内容创作者。我在写微博的十几年之间，从未花钱买过流量，也从未跟任何"网红"抱团互相引流过，但是截止到目前，我的各个新媒体账号的粉丝都是健康增长，而且黏性极高。我的秘诀就是理解了故事的构建原理，理解了读者的大脑以及如何去讲述道理。

因此，我不仅做了很多脑科学的实验，读了很多脑科学的文献，我自己也实践过利用脑科学的原理来写作。我打算把我这十几年在这两个领域积累的经验完全传授给你，带你"打开"读者的大脑，帮助你走入故事和内容创作的世界。

因为我相信，未来的中国也是创意产业的大国，未来的中国也需要大量的创意产业和内容创作的人才，我们也需要教给未来的中国人如何把我们的故事传向世界。

1 为什么写作
跟大脑有关

1.1　读者的脑反应就是作者的下笔点 4

　　　眼动追踪 / 脑电 / 功能性磁共振成像（fMRI）

1.2　写作如同下厨：做一个好厨子，要知道人的口味 8

　　　共情与代入感 / 惊喜与幽默 / 危机 / 充满动感

　　　法则 1：具体、简单、清楚

　　　法则 2：长短句错落

　　　法则 3：押韵就是王道

1.3　中文写作的特殊习惯：做一个中餐好厨子，要知道中国人的特殊

　　　口味 / 重头戏在后面 / 巧用文学典故 / 韵律的问题

2 快速写作：
写作的第一步是飞速成稿

2.1　一个快速写作的游戏：皮亚杰建构与快速写作 30

　　　2.1.1　什么是皮亚杰建构 31

　　　2.1.2　建构第 1 步：名词与场景白描 33

　　　2.1.3　建构第 2 步：搭配形容词 35

2.1.4　建构第 3 步：引经据典与水到渠成　38

2.1.5　建构第 4 步：动词与画龙点睛　40

2.1.6　建构第 5 步：把上面的部分结合起来　42

2.2　扩展到抽象场景：跟我一起练　44

2.2.1　往年中考作文题目的建构样例　44

2.2.2　往年高考作文题目的建构样例　50

2.2.3　古今中外：古代人、现代人、家乡或远方的建构样例　53

3　从大脑到
宏观故事构建

3.1　电影大师大卫·林奇的游戏：一个利用卡片写故事的故事　58

3.2　起承转合：精彩故事的公式就在你的大脑里　64

3.2.1　起：开头如何吸引人　65

3.2.2　承：如何保持读者注意力　68

3.2.3　转：期待本身比结果更重要　70

3.2.4　合：大脑最喜欢曲折而充满斗争的故事　71

4　给大脑写的文字：
简单又接地气

4.1　大脑的特性是慵懒　76

4.1.1　什么是可读性　79

4.1.2　可读性与大脑的慵懒之间的关系　83

4.2　让大脑喜欢的修辞方法　85

4.2.1　用比喻呵护缺乏想象力的大脑　87

4.2.2　拟人——赋予物体情感　92

4.2.3 排比句——一个事物的三个方面 94

4.2.4 修辞的游戏与修辞的皮亚杰建构 97

5 大脑的品味

5.1 肾上腺素：给我支棱起来，战斗或逃跑 103

5.2 镜像神经元：代入感的重要性 110

5.3 GABA：顿悟与哲理是大脑喜欢的故事高潮写法 116

5.4 多巴胺：给我的大脑"发糖" 119

5.5 亲情、友情、爱情：终极的神经元鸡尾酒 123

6 平滑得像黄油一样：连贯与流畅的秘诀

6.1 大脑处理句法的习惯：弧形结构 129

6.2 弧形结构实战：从句子到段落，从小弧形到大弧形 132

6.3 流畅的高阶技巧：音乐感 135

6.3.1 诗词歌赋里的音乐感 136

6.3.2 如何把音乐感迁移到文章中 138

6.3.3 韵律就是原因：大脑对韵律的热爱 140

7 力透纸背的雄辩：构建说服力

7.1 积累论点和论据的秘诀在于积累写作的"乐高块" 151

7.2 时间、地点和人物：摒除一切模糊性 155

7.3　论点和论据的组织　161

　　7.3.1　充分性与必要性　162

　　7.3.2　正反论证和矛盾统一　167

　　7.3.3　列出一个问题的多个方面　173

　　7.3.4　其他论证结构　175

　　7.3.5　论证结构的总结　178

8　用脑科学原理分析世界经典名篇

8.1　叛逆者与代入感：花木兰和孙悟空的共同点　182

8.2　"可读性的巅峰"白居易　185

8.3　亲情交织的科幻作品《星际穿越》　188

8.4　"多巴胺诗人"李白　190

8.5　启动 GABA 的《一千零一夜》与《儒林外史》　192

结束语　195

参考文献　197

PART 1

01

为什么写作
跟大脑有关

对于一个成熟的阅读者来说，阅读是一个相当"自动的""饥渴的"过程。这是由于我们的大脑非常喜欢文字，我们常常忍不住"不读"。我给大家讲两个小例子来证明这一点。

例子1：厕所读物

当今有很多玩手机成瘾的人会带着手机上厕所，而很多带手机上厕所的人（比如我自己）并不是看视频或者玩游戏，只是在阅读文字而已：我们对文字的渴求如此之深，即便上厕所也不想停止阅读。

在没有智能手机的时代，很多人会在厕所里放一些报纸和杂志——这就是厕所读物。虽然2000年后出生的小孩子大多没见过厕所读物，但是像我这样的中年人对厕所读物还是留有非常温馨的印象的。

那时，很多家庭会在厕所里摆放一些报纸或几本杂志，这样不仅自己可以读，客人也可以读。但有一次，我就遇见过这样一个事：在没有智能手机的时代，我去别人家做客，上厕所的时候发现，他们没有摆厕所读物！

渴望读一点东西的我，最后没有办法，只能拿起来他们家的洗发水瓶子，读背面的成分表。

这件事给我的印象很深刻，我从中理解了两件事：我们的大脑是非常容易无聊的，时时刻刻都需要信息输入；而这个信息输入很多时候是文字的，可见我们特别渴望阅读。

例子 2：斯特鲁普效应

我现在想请你来说出以下几个词的印刷颜色。

绿色、红色、白色、橙色

你的答案应该是：红色、蓝色、紫色和绿色。

但是，当试图说出这几个词的印刷颜色时，你是不是感受到了干扰？这个干扰就来自于你特别想读这几个词的词义。

这个就叫斯特鲁普效应[4]：大脑的自主功能会影响大脑的其他功能。阅读文字就是一项特别自主的功能，所以它就会影响你去说出印刷颜色。

根据上面的两个例子，我们发现：阅读是人类极其渴求的一项活动。这是为什么呢？因为信息之于我们人类的大脑，就像食物之于小动物。我们一直在追寻新的信息，没有信息，我们人类就会无法生存[5]。

但是，在阅读上，绝大多数人喜欢小说胜于喜欢教科书，喜欢电视剧胜于喜欢纪录片，喜欢漫画胜于喜欢科普图解。这是为什么呢？因为我们大脑有特定的获取信息和阅读的习惯，那就是喜欢故事。

当然，对故事的热情高于对"非故事类"的热情，只是人脑的阅读习惯之一。借助近几十年的很多先进的脑科学研究手段，我们"撬开"了读者的大脑，进一步挖掘了人类的更多喜好：我们知道了人们喜欢什么样的文字、什么样的句型、什么样的韵律、什么样的场景、什么样的故事架构，以及什么样的幻想。

1.1 读者的脑反应就是作者的下笔点

前面说"我们'撬开'了读者的大脑"，那么"'撬开'读者大脑"的脑科学手段都有哪些呢？让我们来看一下。

眼动追踪

眼动仪是研究阅读时常用的一个数据来源，它的本质是一个追踪眼球的摄像头：追踪我们的眼睛在看页面上的哪个文字，阅读的轨迹是什么样子的，如图 1-1 所示 [6]~[8]。

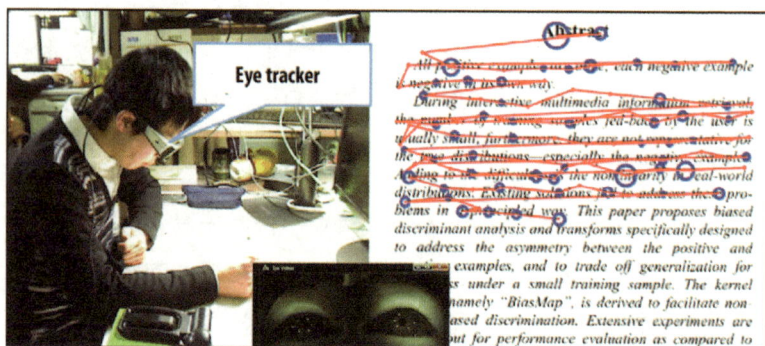

图 1-1　眼动追踪设备与阅读轨迹

（引自：Activity Recognition for the Mind: Toward a Cognitive "Quantified Self"）

当你阅读到一个难点的时候，阅读的轨迹就会出现变化，比如眼动就会出现"回溯"[9]，这些眼动的行为能够让我们研究读者对我们的文章是否感兴趣，对什么样的内容感兴趣，以及文章是艰深晦涩还是流畅易懂。

脑电

脑电不仅仅可以诊断癫痫这样的脑部疾病，其实对研究正常人的生理反应也有很大的帮助。人在阅读过程中，至少有两个脑电指标和处理文字有关（图 1-2）。

一个是 N400。当我们发现了语义上的奇怪之处时，在刺激生成之后的 400 毫秒，会产生一个很大的负向脑电，这就是 N400。对于一段文字，如果阅读过程中 N400 太多，就会让人读起来非常不顺畅 [10]~[12]。

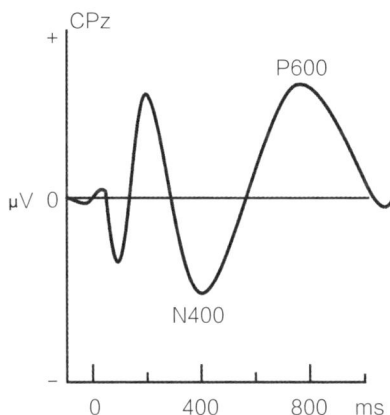

图 1-2　N400 与 P600 的示意图

另一个是 P600。当我们发现了句法或者韵律上的奇怪之处时，在刺激生成之后的 600 毫秒，会产生一个很大的正向脑电，这就是 P600。对于一段文字，如果阅读过程中 P600 多，就是"字都对，但句子不流畅"的感觉 [13][14]。

功能性磁共振成像（fMRI）

功能性磁共振成像的原理其实并不复杂。大脑里布满了非常微小的毛细血管，血管的密集程度达到了每一片小小的脑组织区域都有很多血管。我们可以理解为，大脑里有很多运输氧气和养料的"河流"，这些河流遍布每一块田地。

而在这些河流里运送氧气和养料的"船只"是血红蛋白。血红蛋白能够携带氧气，就是因为里面有螯合铁。众所周知，铁是可以被磁追踪到的。所以，功能性磁共振成像原理，简单地说，就是通过追踪铁来追踪血液在大脑里的流通量[15]。

追踪血液在大脑里的流通量，就可以追踪哪块脑组织在"努力工作"了。我们可以理解为，脑细胞都是格子间里面努力工作的"员工"，而血液就是它们工作时所喝的"咖啡"。当这一片格子间消耗的咖啡非常多的时候，我们就可以认为这一片的细胞正在"干活儿"。

相应地，这一片区域在磁共振区域就被点亮了，如图 1-3 所示。这就是功能性磁共振成像的大致原理（当然，实际原理比这个复杂得多）。

当然，我们这本书的目的并不是教大家心理学和脑科学的研究方法，也不是教大家大脑成像原理。但是通过以

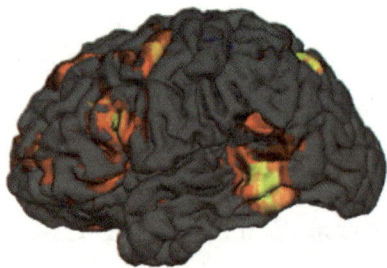

图 1-3　功能性磁共振的三维重建示意图

上例子，我们就可以清晰地知道，根据现在的研究，我们已经掌握了很多研究阅读的方法，也积攒了很多阅读的理论。

也就是说，我们已经能够打开读者大脑这个"黑匣子"了。那么，在打开黑匣子之后，我们明白了什么呢？作为写作者，我们明白了：**写作是阅读的反过程，读者的脑反应就是作者的下笔点。**

换句话说，我们根据读者的脑反应明白了大脑对文字的偏好之后，就可以利用它来写作。关于这一点，其实是有很多例子的。

在影视领域有两种现象："叫好不叫座"与"叫座不叫好"。其实，在内容创作领域，无论是电影、电视剧，还是小说，好评与畅销都不总是正相关的。

一部作品"叫好"，一般是因为这个内容有深度。要写出一本有深度的书，需要你在一个领域达到很高的水平，需要你有独特的思考。只有不断地学习、思考、领会生活，才可以做到有深度。这也不是我能在本书中教给你的内容。

"叫座"则不一样，它最重要的是抓住读者的心，抓住读者的眼球。

有一些内容（电影、电视剧或者图书），我们明明知道没有什么深度，却依然叫座。这就是因为它抓住了读者的心，抓住了读者的眼球。

给大家举个例子：《007》。熟知《007》的朋友们都知道，它最早的小说文学性不高，而且也卖得一般。但是它就是能抓住人心：有豪车、美女、刺激的爆炸场面、谍战。这些元素搞了半个世纪，套路大家都熟悉了，竟然还是很叫座。这就是熟知人脑的规律的故事。

这当然是一个极端的例子，但是这个例子告诉我们：如果要产生一部叫座的作品，必须"从头到尾抓住读者的注意力"。

下面我们就对叫座的内容进行"解剖"，看看一个吸引人的内容到底是如何抓住读者的注意力的，它都有什么特征，都有哪些元素。

1.2 写作如同下厨：做一个好厨子，要知道人的口味

写作就如同下厨：要做出好吃的饭菜，必须知道食客喜欢什么样的口味。只不过写作有一点与做饭不一样：作者是很难像厨子一样用内省的方法来调制产品的。厨子知道自己喜欢什么食物，就可以外推到几乎所有人，但是作者很难预测到底其他人喜欢什么样的故事。这个问题，导致写作这门技艺，缺乏从读者角度看待的金标准。

今天我们就从两个方面来讨论这个问题：

1. 人类都喜欢什么样的故事和语言？
2. 作为中文的阅读者，在我们这个特殊的文化里面，我们又

喜欢什么样的故事和语言？

我们先来谈谈人类大脑和心理对故事的共同需求。

共情与代入感

人类都喜欢能共情的故事，也就是能让人产生代入感的故事。为什么那些"霸道总裁爱上我"一类的小说虽然内容粗劣，却一直广受欢迎呢？因为可以让人产生代入感：如我一般的普通女孩也可以被"霸道总裁"爱上。从脑科学角度来说，代入感的产生与镜像神经元系统相关。顾名思义，镜像神经元系统在时刻观察别人在干什么，并在自己的大脑里模拟别人的认知、动作、角度。

"霸道总裁爱上我"的故事只是一个极端点儿的例子，但其他很多故事的成功也依赖于"代入感"。

举个例子，如果我要为脊柱损伤者慈善协会拍一个公益小视频来进行宣传和募捐，那么以下两个故事剧本就有完全不同的效果。

剧本 1：我们来科普一下脊柱损伤的种类、原因和治疗方案等，再找几个医生来讲一下脊柱损伤的病例以及平时的治疗日常。

剧本 2：我们跟拍一个高位截瘫的病人小花，她每天吃 3 种抗生素才能保持尿道不会感染；她已经得了很多次褥疮；她的妈妈有腰伤，还要每天抱着她擦洗；她的家里因为给她治病而穷困不堪，父母早上 5 点就要起床摆摊卖馄饨；小花在这种情况下，还要支撑起来读书。

我想请问一下大家，这两个剧本哪个能筹集到更多善款呢？毫无疑问是第二个。在这种情况下，冷冰冰的科普是不能激发人类的共情的，也不能让人产生代入感。只有深入病人的生活，才能激发我们看下去的欲望和深刻的同情心。

这是因为，共情与代入感是人类对故事的深层次的共同需求。在这里我给大家讲一个真实的故事，进一步说明共情与代入感的重要性。

我有一个朋友，她是一个知名设计学院毕业的服装设计师，而且长得非常漂亮和上镜。我曾怂恿她去拍 vlog（视频网络日志）。我说："你做设计师的经历很难得，而且你眼光好，长得也漂亮，给自己的服装做模特，肯定很有故事感。"

她听了我的建议，做了几个视频，但不论怎么弄都不火，完播率都很低。于是她给我打电话，让我看看视频到底哪里有问题。

我发现她视频的故事结构是这样的：先交代"今天老师布置了一个作业，要做一条裤子"，然后就开始认真做这条裤子，并介绍自己在这条裤子上用了什么设计理念、什么剪裁技术，最后展示成品，然后这个视频就结束了。

然后，我跟她说，这样的故事是不行的，没有人会跟裤子的剪裁技术进行共情，如果我来写这个剧本，故事应该是这样的：

我在半夜两点突然崩溃：这个裤子做不成了。我坐在地板上大哭。

这是为什么呢？时间倒退回到今天下午，老师留了一个做裤子的作业。我本来是想做一条百褶的裤子，想选择纱织的面料。可是没有理想的面料了，于是我找了一块亚麻代替了。可是没想到，亚麻没法做百褶！我熬到了两点，终于精神崩溃了，想想再有几个小时天就亮了，我马上就要交作业了，这可怎么办？

说完，我又补充道："如果视频按我这个剧本拍，就会有很多人来看。"

原因很简单：大多数人没有在设计学院上学的经历，没法共情设计理念和剪裁的技术，但是大多数人有交不上作业而着急的经历和感受，而且也有"我的构想本来很出色，结果被一些现实的突发状况给耽误了"的经历。

把剧本扭转成这样的故事，让大多数人有代入感，视频才能"火"。

有人可能会问："那样是不是就不能科普关键技术了呢？比如我们专门把共情作为故事的重点，是不是就不能讲技术和理念了呢？"

当然不是。"干货"可以串联在故事之中。就这个故事来说，我们还是可以讲如何设计，如何剪裁，但是我们在其中融入了故事，让观众能够代入和共情，那么他们接受起"干货"来就更容易了。记住，一个充满共情的故事与"干货"并不是互相排斥的关系，相反，充满共情的故事能让观众和读者更容易接受"干货"。

因此，故事能够让人有代入感，让受众更加共情，是内容创作的第一要务。

我们在后面会更加深入地解析这样的共情会激发什么神经递质，带来什么样的大脑反应，并告诉大家应该怎么激发共情。

惊喜与幽默

写文章就像包一份贵重的礼物一样，要让读者在拆开一层一层的包装，打开一个又一个的蝴蝶结后，必然地看到里面藏着的一个惊喜。

相声界管这个技巧叫"抖包袱"，但其实重要的并不是"包袱"，而是最后抖出来的是什么东西，它能给人多大的惊喜。这才是人脑所需要的。

我们每个人终其一生，都在追求"新的礼物"。当我们作为一个婴儿呱呱坠地的时候，我们的大脑每时每刻都在接收着新的信息：新的图像、新的声音、新的事物，还有新的人。

我们的大脑渴求新的信息，对信息的渴求能够帮助我们生存 [5]。就像一个原始人，认识了很多动植物，才能够知道食物和威胁都来自哪里。同样，一个现代人也需要知道很多关于人物、时间、地点和方法的信息，才可以在这个社会生存。

这些"惊喜"经常反映在大脑中的很多生物电信号上，比如 N400、P600 等（我们在后面的章节中会详细论述）。

随着我们一天天长大，我们的大脑对于信息越来越渴求，所以积累的信息越来越多，但是能够得到的惊喜却越来越少：我们见过的东西越多，能够引发我们好奇的东西就越少。比如，我们小时候连吃一根棒棒糖都觉得惊喜，长大了可能就算满汉全席，也觉得就那么回事了。

所以，给人制造惊喜是一项很难的技术，但是成功的故事都需要这样一个让人惊喜的"礼物"，需要制造一个谜团，让读者（或者观众）跟着这个谜团一步步地猜测，直到谜底揭开。这就是为什么"探案""寻宝""盗墓"类的故事都非常流行：它们成功地抓住了"人需要惊喜"的心理特点。

同样重要的还有"幽默"。幽默本质上是一种特殊的"惊喜"：它将我们的情感推到了边界，并且给我们一种惊喜而放松的感觉。

幽默好比蛋糕上的糖霜、冰激凌上的樱桃、王冠上的宝石、贝壳里的珍珠：只需一点点，可以画龙点睛。

制造惊喜与幽默是需要很强的技巧的，我们后续会详解。在这里，我们需要记住：一个能抓住人心的故事需要惊喜与幽默。

危机

我不知道你们有没有看过一个电影系列，叫《印第安纳琼斯》（又译《夺宝奇兵》）。这个电影系列是美国电影演员哈里森·福特（Harrison Ford）的代表作，属于探险类作品。在这个作品里，主角印第安纳·琼斯总是在最后一刻冲出山洞，紧接着，山洞就爆炸了。

如果你们没看过，也没关系。很多电影用过与它类似的套路：主角总是在最后一刻跳了出来，要是再不跳，要么机关的闸门就要关了，要么整个山洞就要被水淹了，再或者后面的桥就要断了，所有人就要掉进悬崖了。

这样的桥段，是不是你也看过呢？那么，为什么很多电影要用这样的桥段，而且屡试不爽呢？

这其实就包含了一个重要的脑科学原理：由于危机和解决危机关系到我们的生存，所以我们的大脑对于危机是非常敏感的。也因此，充满危机感的故事往往最能抓住人心。这就是"战斗或逃跑"反应，我们会在后面讲刺激肾上腺素分泌的写作时详细论述。

当然，危机有很多种，除了事关生死存亡的危机，人际关系和心理上的危机也可以给我们带来扣人心弦的故事。

比如我们上面所举的设计师做自媒体视频的例子——"交不上作业"这个桥段除了能够让观众有极强的代入感以外，也是一个充满危机感的桥段。虽然这个危机并不是那种生死攸关的严重危机，但是日常的这种小危机，也可以让我们有代入感。

充满动感

众所周知，动物在野外生存，需要对"动"的东西非常敏感，因为"动"的东西要么是食物，要么是威胁。因此很多动物的视觉，对动态事物的捕捉能力远远强于对静态事物的捕捉能力[16]。

人类的视觉也是如此：我们喜欢看充满动感的事物，比如滑雪、赛车这些充满速度感的体育项目。我们甚至会对看似动感的静态事物产生喜爱，比如一辆流线型设计的跑车或一部流线型设计的手机。

很多人不知道的是，我们大脑还有一套"镜像神经元"系统，它能让大脑内部像"照镜子"一样在脑内"模仿"别人的动作。比如，当妈妈手指滑动的时候，在正在观察她的宝宝的大脑中，控制手指的部位也会被激活，仿佛是在脑内排练一样。这样的"脑内排练"给了我们人类超强的模仿能力[17][18]。这种"脑内动态排练"也影响我们理解语言和语义。

很多研究表明，我们对于动词的理解，和对于动作的理解是一样的[19]~[23]。捕捉某个动词时激活的大脑区域，和观察或做相应动作时激活的大脑区域是一样的。比如，听到或看到动词"打""拍"，或者做出打、拍的动作时，激活的都是大脑运动区中与手相关的区域；同样，"踢""走"等动词和相应动作激活的都是大脑运动区中与脚相关的部位。

我自己也做过这方面的研究。我根据研究发现：每个动词不仅仅激活该动词描述的动作所对应的部位，甚至能在大脑运动区激活动词的动态属性。动词的动态属性包括一个动作的力度大小，要用手还是用脚，是快还是慢，是持久还是一瞬间。比如"打"的动态属性就包括力度大、速度快、需要用手。神经元的活动，甚至反映了这些属性[24][25]。

简而言之，我们大脑对动态是高度识别的。即便是"动词"这么抽象的"动态描述"，也能高度识别。

所以，我们对动词是非常敏感的——动词就是句子的"眼"。优秀的动词用得多，可以让句子更加生动，甚至可以彻底改变别人对你文章的观感。

我们举个例子，看下面一段介绍大熊猫的话。

大熊猫善于爬树，也爱嬉戏。爬树一般是临近求婚期或逃避危险时的行为，或彼此相遇时弱者借以回避强者的一种方式。大熊猫每天除去一半进食的时间，剩下的一半时间多数便是在睡梦中度过的。①

这是一段典型的科普介绍，虽然精准，但是并不太生动。主要是因为，这段话里的动词以比较抽象的动词为主，不太能调动人的镜像神经元系统。所以，如果我们把抽象动词替换成生活里

---

① 本段话整理自成都大熊猫繁育研究基地的官方网站。

更常见的动词，就会非常生动，而且非常引人入胜。

　　大熊猫噌的一下就爬到了树上，它们最喜欢这样玩耍了。爬树的行为一般是为了寻找对象，或者躲开捕食者，或者绕过那些霸凌的熊猫。大熊猫每天除去一半进食的时间，剩下的多是呼呼大睡，在甜美的梦乡中度过。

　　上面我们从人类大脑和心理的角度讲了人类喜欢什么样的故事，下面来讲讲人类喜欢什么样的语言。关于人类喜欢的语言，我总结出了下面几个法则。

法则 1：具体、简单、清楚

　　相信很多人看过行为经济学创始人、诺贝尔奖得主丹尼尔·卡尼曼（Daniel Kahneman）的畅销科普书《思考，快与慢》。在这本书里，作者借用心理学家基思·斯坦诺维奇和理查德·韦斯特率先提出的术语，说明了大脑中的两套系统：系统1和系统2。

　　系统1是不费力的，省能量的，不深入的，完全靠直觉的。我们平时生活都靠系统1，除非我们自己努力用系统2。"省脑子"是我们生存所必需的：人不可能吃喝拉撒都需要思考才能进行。如果我们需要先深入思考"为什么我要上厕所"才能上厕所，那后果简直不堪设想。

　　所以，系统2是很少使用的，因为它对大多数人来说是费力的。也有很多脑科学家管这个叫"认知负荷"（cognitive load）[26][27]。

认知负荷太重，就会让人难以坚持。

所以，写文章的一个重点就是要**具体、简单、清楚**。什么叫"具体、简单、清楚"呢？我们要遵从以下几点。

1. 能用简单的词，就不用复杂的词。
2. 能用具体的词，就不用抽象的词。
3. 每一句话只有一个中心思想，每一段落只有一个主题。
4. 当意思出现转折或变化时，一定要有关联词。
5. 段落要清晰，排版要注意行距。

当然，语言大师们、文学大师们即使违反了以上原则，也能写出非常好的文章。但是，作为新手的你，尽量不要违反这些原则，否则可能会让人读不下去。

法则 2：长短句错落

一篇文章，长句是能展现文笔的地方。但是，没人能够忍受一个又一个的长句，它们会让人读不下去。所以，长句之间必须有短句进行衔接。

那么，什么是短句呢？简单地说，短句并不一定是以句号结尾的。这里说的短句指的是韵律上的短句，也就是结构简单，读起来又铿锵悦耳的句子。这是因为，人的阅读是从声音开始的：先有"朗读通路"，才有"默读通路"（图 1-4）。

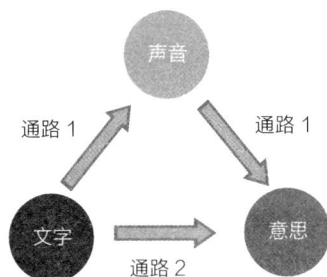

图 1-4　阅读的两个通路

如图 1-4 所示，阅读是有两个通路的。通路 1 是先从文字到声音，再从声音到意思。这个通路称为朗读通路（或声音通路），非常原始，是我们幼年时期学习的第一种阅读方法。

绝大多数人是学会了朗读通路，才进入默读通路，也就是走下面这条路（通路 2），直接从文字到意思。但是，默读通路由于是后学的，所以远没有原始的朗读通路"顽强"。

比如，当你比较疲劳的时候，或者想认真读书的时候，脑海里是不是仍旧会响起声音呢？这就是大脑里原始的朗读通路在工作。

在朗读通路下，我们需要一句长一句短的错落感。这种"大珠小珠落玉盘"的感觉给人一种奇特的舒适感：仿佛短句在给长句划下一个节奏。

语言和音乐异曲同工：动听的音乐必须有强有弱，一段文字（除了诗歌以外）也必须长短错落，读起来才会动听，才能**满足大脑里原始的朗读通路**。

朱自清的文章里就经常有这种长短句错落的段落，让人读起来酣畅淋漓。《荷塘月色》中下面这段文字就是如此。我们把短句用横线划出来。大家会发现，每一个短句都像是给长句的意思做个总结或画个休止符。

月光如流水一般，静静地泻在这一片叶子和花上。<u>薄薄的青雾浮起在荷塘里</u>。叶子和花仿佛在牛乳中洗过一样；<u>又像笼着轻纱的梦</u>。虽然是满月，天上却有一层淡淡的云，<u>所以不能朗照</u>；但我以为这恰是到了好处——酣眠固不可少，小睡也别有风味的。月光是隔了树照过来的，<u>高处丛生的灌木</u>，落下参差的斑驳的黑影，峭楞楞如鬼一般；弯弯的杨柳的稀疏的倩影，<u>却又像是画在荷叶上</u>。塘中的月色并不均匀；但光与影有着和谐的旋律，<u>如梵婀玲上奏着的名曲</u>。

而且，不知道大家注意到了没有，短句的结尾字都是"三声"或者"四声"。我们看看每个短句的结尾字。

里，梦，照，少，木，上，曲
lǐ，mèng，zhào，shǎo，mù，shàng，qū

朱自清对于韵律的讲究，实在是令人称叹。这样的平仄规律使得我们朗读起来非常流畅。像这样长短句错落、平仄有致的文章就是大脑非常喜欢的。

法则 3：押韵就是王道

人类有一个认知偏差叫作韵律就是原因（rhyme as reason）[28]。由于大脑的系统 1 太懒了，所以我们会倾向于认为，押韵的东西就是很有道理。因此，很多广告词非常注重押韵，我给大家举几个例子。

白里透红，与众不同。

中国电视报，生活真需要。

恒源祥，羊羊羊。

维维豆奶，欢乐开怀。

人头马一开，好事自然来。

大家是不是觉得"哇，好有道理，好洗脑哦"？这就是我们大脑喜欢的文字，其说服力自然也就很强。很多俗语也是押韵的，比如"人不可貌相，海水不可斗量""一寸光阴一寸金，寸金难买寸光阴"。越押韵，你越觉得有道理。

押韵的东西是有魔力的，很难让人反驳，因为它直接"攻击"了我们阅读的朗读通路。

以上这些就是人类最喜欢的故事和语言的特征。这些特征是"跨语言"的，无论你用什么语言（中文也好，英文也罢）去写文章，要想写出人类爱看的文章，就得注意符合大脑的偏好，也就是符合上面这些特征。有一些特征，我们在后面的章节中还会详细阐述，教给大家如何在你的文章中突出和强化这些特征，使得你的文章引人入胜。

下面我们来说说中文阅读和写作的一些特殊要求。

1.3 中文写作的特殊习惯：做一个中餐好厨子，要知道中国人的特殊口味

中文是一种特殊的语言，作为中国人，我们还有特殊的哲学、特殊的思维方式和特殊的文法。所以在用中文写作时，还需要注意下面几点。

重头戏在后面

在中文写作中，我们习惯于在最后"画龙点睛"，但是在英文写作中，重点往往写在最前面。不仅仅是全文最重要的话写在最前面，这个原则还必须落实到每一个段落、每一个句子：每个段落最重要的话必须写在段落的最前面，每一个句子最重要的话必须写在句子的最前面。

我在写博士论文的时候，就"挣扎"了很久很久。我每天都在检查还有哪些重要的内容没写在最前面，但是不论我怎么检查，多么自信，还是会被导师挑出没有写在最前面的重要内容。

这其实是东西方文化的差异在写作上的体现：英文讲究一上来就抛出一个爆炸性的观点，而中文讲究含蓄地娓娓道来，直到最后才告诉人们真正的观点是什么。

我的问题自然源于我的母语——中文——带来的写作习惯。**中文讲究"压轴"**：要留一部分最重要的东西在最后，否则会给人一种虎头蛇尾的感觉。

因此在中文写作中，我们要反其道而行之，时刻反省自己有

没有在最后"画龙点睛"。如果最后没有精彩的结尾，没有进行最后的点题和升华，就犯了中文写作的大忌。

我给大家举个例子：贾谊的《过秦论》。

及至始皇，奋六世之余烈，振长策而御宇内，吞二周而亡诸侯，履至尊而制六合，执敲扑而鞭笞天下，威振四海。南取百越之地，以为桂林、象郡；百越之君，俯首系颈，委命下吏。乃使蒙恬北筑长城而守藩篱，却匈奴七百余里。胡人不敢南下而牧马，士不敢弯弓而报怨。于是废先王之道，焚百家之言，以愚黔首；隳名城，杀豪杰，收天下之兵，聚之咸阳，销锋镝，铸以为金人十二，以弱天下之民。然后践华为城，因河为池，据亿丈之城，临不测之渊，以为固。良将劲弩守要害之处，信臣精卒陈利兵而谁何。天下已定，始皇之心，自以为关中之固，金城千里，子孙帝王万世之业也。

始皇既没，余威震于殊俗。然陈涉瓮牖绳枢之子，氓隶之人，而迁徙之徒也；才能不及中人，非有仲尼、墨翟之贤，陶朱、猗顿之富；蹑足行伍之间，而倔起阡陌之中，率疲弊之卒，将数百之众，转而攻秦，斩木为兵，揭竿为旗，天下云集响应，赢粮而景从。山东豪俊遂并起而亡秦族矣。

且夫天下非小弱也，雍州之地，崤函之固，自若也。陈涉之位，非尊于齐、楚、燕、赵、韩、魏、宋、卫、中山之君也；锄櫌棘矜，非铦于钩戟长铩也；谪戍之众，非抗于九国之师也；深谋远虑，行军用兵之道，非及向时之士也。然而成败异变，功业相反，何也？试使山东之国与陈涉度长絜大，比权量力，则不可同年而语矣。然秦以区区之地，致万乘之势，序八州而朝同列，百有余年矣；然后以六合为家，崤函为宫；一夫作难而七庙隳，身死人手，为天下笑者，何也？仁义不施而攻守之势异也。

这段话大概叙述了秦始皇继承了秦国六代王的志向去统一六国，南边达到百越，北边建立长城，又收了武器，加强了思想禁锢。本以为江山永固了，没想到始皇帝一去世，秦朝竟然被陈涉一个贩夫走卒之辈揭竿而起推翻了。

然后贾谊反问：天下并不弱，始皇帝能战胜齐、楚、燕、赵、韩、魏、宋、卫、中山之君，而秦朝却被一个没有什么能力和见识的平民给推翻了，这是为什么呢？

直到这一刻，火候足了，贾谊才抛出自己的观点："仁义不施而攻守之势异也。"也就是说，是因为不施行仁义，攻守的形势才变了。为了这一个观点，铺陈了整个秦朝的历史，洋洋洒洒又兼推理，这就是中文的写作习惯：最后一句点睛，点睛之后就戛然而止。

巧用文学典故

中国的文学史长达数千年，中间积累了太多的文学典故。我们今天常用的成语、俗语、典故、诗歌，很多可以追溯到先秦时期。

此后，秦汉、魏晋、唐宋元明清、民国时期，都有大量的文学经典流传下来。这一点对于中文写作者来说，有好处，也有挑战。

好处有两个。

第一，可借鉴的角度和典故太多了。能被我们想到的，古人都想过了，引经据典会非常容易。

第二，死记硬背一些典故诗句，然后在文章中零星地插入一些进行画龙点睛，就可以显得很有文采。

挑战有三个。

第一，典故用得太多，就会显得"掉文"。

第二，要背很多成语、诗句、习语，而且必须学好它们之间的细微差异，不能用错。比如不能把褒义和贬义弄反，也不能把只能用在自己身上的词与用在他人身上的弄反。

第三，必须得把文学典故与文字的韵律，还有文字的意境进行融合，不能只是干巴巴摆出来。典故用得浑然一体，才有妙笔生花的效果。

韵律的问题

中文是最依赖韵律的语言。从语言学角度来说，中文是一种声调语言（tonal language）[29]。什么意思呢？就是中文具有词汇音调（lexical tone），每个字可以通过语调的变化改变意思。比如，在口语中，当 [ma] 为一声时，经常是"妈妈"的意思，为二声时经常是"麻"的意思，为三声时经常是"马"的意思，为四声时经常是"骂"的意思。

也就是说，在中文中，是根据声调辨别意思的。也就是说，声调（四声）的变化是频率的变化，如图1-5所示。

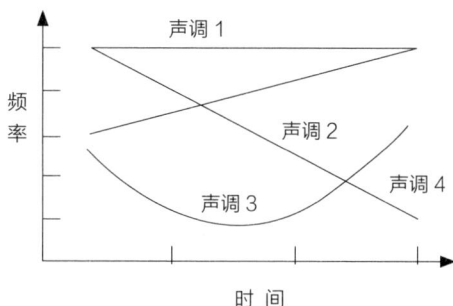

图1-5　四种声调的频率变化

这就产生了一个问题：音乐里的音符也是频率的变化，而辨别中文的意思也靠频率变化，那在我们唱歌的时候，语言的声调叠加在了音符上，我们怎么才能分辨歌词呢？

实际上，我在美国读博士期间，有三年时间一直在做关于大脑对于中文声调的辨析的研究[29]。我每次跟美国同行解释中文的声调时，他们都会问这样一个问题："那中国人是怎么分辨歌词的呢？"

我总是神秘地回答他们："中文有一个东西，叫平仄。这就是中国人分辨歌词的秘密。"[30]

流传下来的很多唐诗、宋词和元曲，本来就是歌词。我们能根据平仄，将这些歌词中声调高的字（平音）正好对在曲子的高音上，而把声调低的字（仄音）正好对在曲子的低音上。

所以，特殊的声调语言带来了特殊的歌曲填词问题。但这个问题的解决方式（平仄音的运用）又给我们中文带来了特殊的韵律。

因此，我们中国人，只要听过歌谣，背过诗词，就算不知道平仄的知识，也会对平仄非常敏感。如果一段话的内在韵律符合我们的平仄感觉，我们就会觉得非常流畅，否则就会觉得读不通顺（即便语法都是通顺的）。

韵律的积累是需要长时间的学习的。我们从小背的古诗，还有《声律启蒙》《笠翁对韵》会帮助我们建立起对韵律的直觉。这个直觉强烈的人写出来的文字会更流畅。

后面我们也会讲述一些快速地使自己的句子更具韵律感的方法。

本章总结

在这"漫长"的一章里，我们给大家打下了坚实的理论基础：让大家知道了读者的"口味"。有一些口味是人类共通的，有一些是中文读者特有的。

但是，光知道口味是不够的，我们还需要学会根据人类的口味"烹调"。所以，从下一章开始，我们就会陆续讲解写作中的"红案白案"和"煎炒烹炸"大法。

第 2 章和第 3 章分别讲解"宏观写作"与"快速写作"：如何迅速写一个段落，以及如何根据脑科学来构建故事。

在第 4 章到第 6 章，我们来深入讲讲大脑的口味：大脑喜欢什么样的文字，故事的情节应该怎样精巧构思，段落应该怎么搭建。

到第 7 章，我们会脱离记叙文的框架，讲讲在议论文中如何构建说服力。在最后一章，我们会用脑科学的方法来分析世界流传的经典文学作品：这些文学作品到底符合了什么样的人脑工作原理，才使得它们一代代地被流传下去。

02

快速写作:
写作的第一步是
飞速成稿

2.1 一个快速写作的游戏：皮亚杰建构与快速写作

写作最难的不是把一段文字修改成更好的文字，而是从头写出一段文字来。万事开头难，很多人苦恼的第一个问题，不是文笔不好，而是提起笔来思考大半天，却迟迟写不出一个字。我称之为"空白页综合征"。

"空白页综合征"是很多人的通病。有很多孩子提起笔，憋了两个小时也憋不出几个字。也有很多成年人，面对领导写材料的要求，愁得发慌：面对光标一会儿想喝水，一会儿想上厕所，就是写不出来几个字。那么今天，我们就"插播"一下这个话题，谈谈如何训练"很快地写文章"。

注意，我们这一章的主题是"写文章快"，这并不代表写出来的东西一定好。但是对于写作这个工种来说，"快"就是好的前提和基础，因为只有很快地写出来几千字，你才可以修改，使之变"好"。

可惜的是，虽然市面上教作文修改方法的文章、课程和图书有很多，用这些方法反复修改后，文章肯定能比别人好，但是如果出文章很慢，没有材料可以修改，那就没有任何办法了。

现在关键的问题就在于，很少有图书来教孩子或者成年人如何写得快，如何能够"下笔如有神助，就像马里奥背上了小蜜蜂"。所以，今天我们就用皮亚杰建构的方法，来给大家搭建"快速写作"的基石。

2.1.1　什么是皮亚杰建构

皮亚杰建构这个名称听上去很复杂，但其实一点都不难理解[31]。简单来说，就是指"把一个复杂的任务拆分成很多小的任务，逐一去解决，最后合成在一起，就完成了一个大的任务"。

它分为两步：第一步是"解构"，想想看大的任务拆成哪几个小的部分比较合理，每个部分应该怎么实现；第二步是"建构"，把拆好的几部分拼起来，争取能够拼成大的任务。

我们来举个例子。假定我们要教幼儿园小朋友画太阳和兔子的简笔画。

可以把教小朋友简笔画分解成以下几个小的步骤，如图 2-1 所示。

1. 带小朋友观察太阳和兔子可以分解成哪些几何形状。
   a) 太阳：可分解成圆形和直线。
   b) 兔子：可分解成两个椭圆形（耳朵）、三个圆形（身体、脑袋和尾巴）、两个点（眼睛）和两个半弧形（兔子微笑的嘴巴）。
2. 教小朋友学会画点、线，还有圆形和椭圆形等几何形状。
3. 最后，用这些几何形状拼接，就能完成简笔画。

其中，步骤 1 是简笔画的解构，步骤 2 和步骤 3 是简笔画的建构。如图 2-1 所示，按照分解好的步骤一步步教学，就可以教会小朋友画简笔画。

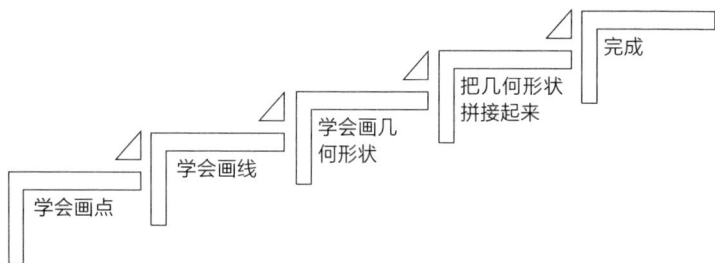

图 2-1　简笔画的皮亚杰建构

"解构又建构"的目的是让一个大而难的任务，变得不那么大、不那么难。这就是把一张难以吞下的大饼切成一个个小块，然后一块块地吃。

同样，写作也可以解构和建构。我们把快速写出一篇文章分解成以下几个步骤。

1. 名词与场景白描。

2. 形容词与替换。

3. 引经据典与文章立意的水到渠成。

4. 动词与画龙点睛。

5. 把所有成果串联成段落。

下面我们根据上面的步骤，帮助大家一步步地建构，最后形成一篇可以开始进行修改的文章。

2.1.2 建构第 1 步：名词与场景白描

能将名词关联到名词是场景描述的基础。所以，当你遇见一个作文题目的时候，先不要着急写句子。先想想关于这个主题（或者说场景），可以扩展出来其他什么名词。

这是一个最简单的训练，小学低年级，甚至学龄前的孩子也可以做。比如，我可以问他：说到"公园（海滩、沙漠）"可以联想到什么？

- "公园"的联想词：秋千、花坛、喷泉、长廊、长凳子、草坪和滑梯等。
- "海滩"的联想词：沙滩、海浪、海螺、沙堡、阳伞、游泳圈和冰激凌等。
- "沙漠"的联想词：骆驼、沙漠狐、蝎子、沙尘暴和仙人掌等。

这种从名词到名词的联想训练可以帮助作者进行"广角收缩"：想到沙漠的一个场景，我可以想到下面要写什么，以及关于这个场景我可以描述什么。这就是场景描述的基础。

我小时候，我妈妈就给我做过这样的训练：她在带我去任何地方（不论是动物园、公园还是博物馆）时，都会说"注意看这里都有什么东西""仔细看这里都有什么东西"。

比如去博物馆，我就会仔细记住，博物馆里有什么绘画、雕塑、标本等。这种训练就是从名词到名词。这样我回去写作文的时候，至少知道从博物馆的一个场景出发，可以描述里面到底有什么。

当然，也不需要一定去博物馆或者公园等，利用这种"名词到名词"的关联方法，在家就可以进行训练：厨房里都有什么？厨房里少说也有几十样东西，你都可以从大脑里回想出来吗？

简而言之，"从名词到名词"是场景描述的基础训练。等你看见一个场景就能随便说出几十个关联的名词时，场景描述就很容易了。

下面我们来举个例子。

假定以"长城"为主题。那么第 1 步，我们就要写几个跟"长城"相关的名词。

例子 1：以"长城"为主题

第 1 步：联想名词

山峰、山谷、天险、信号、狼烟、战争、冷兵器时代

完成了建构的第 1 步，你的草稿纸上应该有了几个跟主题密切相关的名词。

那么，下面我们就开始进行建构的第 2 步，给这些名词搭配合适的形容词。

2.1.3 建构第 2 步：搭配形容词

写完了名词，可能还需要加一些形容词才可以进行白描。我设计了一个简单的"形容词模板"，如图 2-2 所示。其实，这个模板的基础就是名词与形容词的关联。

你可以把它当成一个游戏：在正中央的名词模块内填一个名词，联想能与之搭配的形容词，填在旁边的形容词模块内。

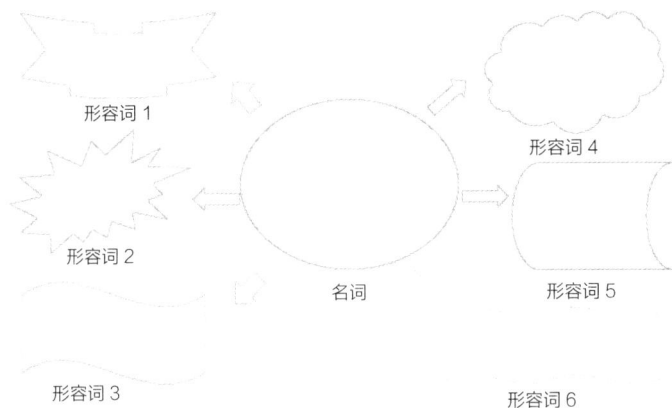

图 2-2 形容词模板

一开始的训练，我们可以从具体的名词开始。比如，关于"蛋糕"，你可以想到什么形容词呢？味道：香；质地：松软；口感：丝滑，甜腻……。具体如图 2-3 所示。

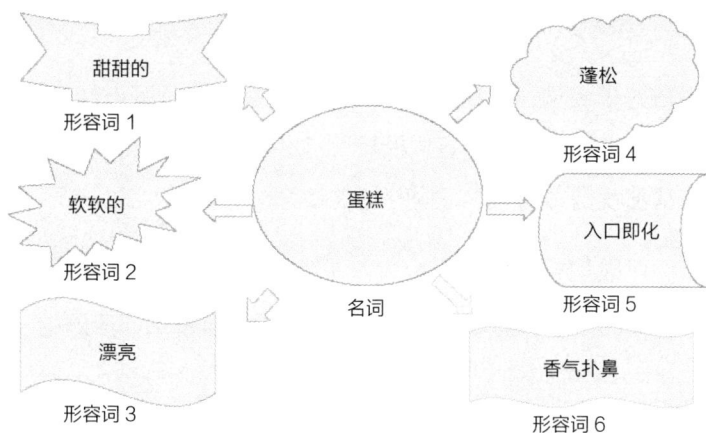

图 2-3　借助形容词模板给"蛋糕"搭配形容词

　　每个名词，只要能关联五六个形容词，就可以进行白描了。当然，这种白描不仅仅限于具体的名词，抽象的也可以。比如"文化"，可以用什么词形容呢？可以用"古老""源远流长""博大精深""原汁原味"等，如图 2-4 所示。

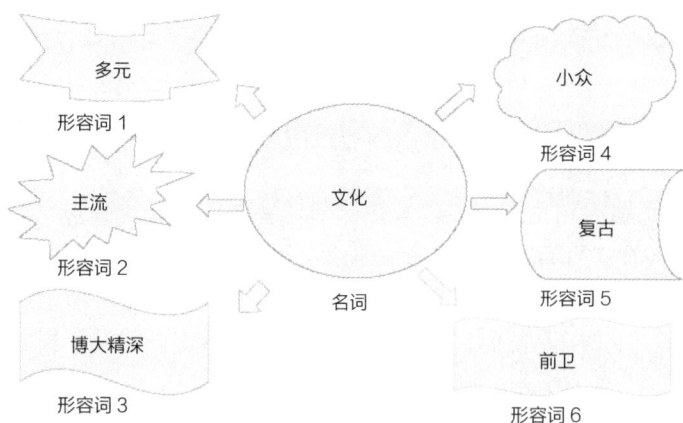

图 2-4　借助形容词模板给"文化"搭配形容词

搭配了形容词之后，就可以进行下一步：**近义词替换游戏。**

我记得小时候，妈妈常常骑三轮车接我上下学。在上下学的路上，她总是问我这样的问题："那些花好漂亮啊，怎么形容呢？"

我说："五颜六色。"

她追问："还有呢？"

我说："五彩缤纷。"

她继续问："还有呢？"

我说："五光十色。"

她又问："还有呢？"

我说："姹紫嫣红。"

我们会玩很久这样的游戏，我能找出来的近义词越多，就能得到越多的奖赏。那么，当看到一个名词就能想到 10 个甚至更多个描述不同性质或状态的形容词时，怎么才能进一步找出来最合适的形容词呢？那就要靠近义词替换了。近义词替换就是"精准描述"的训练。

这就是建构的第 2 步：给所有的名词都搭配一个最精准的形容词。我们还是以刚才的主题"长城"为例子。建构到第 2 步之后，这个例子就变成了下面这个样子。

例子 1：以"长城"为主题

第 1 步：联想名词

山峰、山谷、屏障、信号、狼烟、战争、冷兵器时代

第 2 步：给名词搭配形容词（给名词搭配最精准的形容词）

长城—绵延万里　　　　山峰—层峦叠嶂

山谷—郁郁葱葱　　　　屏障—人工

信号—重要、宝贵　　　狼烟—四起、烽火

战争—残酷　　　　　　冷兵器时代—血肉相搏

2.1.4　建构第 3 步：引经据典与水到渠成

完成上面这一步，我们就有一些名词和形容词的词组了。下面就可以去确定文章的立意了。

立意怎么迅速确定呢？简单地说，立意要靠古人。中文难学的原因，在于中国有几千年的文学史；中文好学的原因，也在于中国有几千年的文学史：所有的你能想到的角度，都被人写过了。

唐诗、宋词、元曲、散文，都有立意。所以，背诵名句能够找到立意。当然，说到这个，可能有的同学会说："我想不起来那么多诗歌典故怎么办？"这就需要平时多积累了。我小时候有一本《彩图成语词典》（就是给小朋友讲成语的插画书），那个时代物质匮乏，这本书被我翻烂了。

后来要跟老公结婚的时候，去他家玩，我发现他家里也有这本古老的书，勾起了我童年很多回忆，我就感慨"这本书给我的帮助太大了"。正好老公的外甥女来了，我就让老公把这本书送给她了。我还跟小姑娘说："好好看，这里面有很多成语哦。"

其实，成语、诗句、典故等的积累是很重要的。写字的积累在于读书，输出的积累在于输入。所以我们要看书，要背书，要背成语典故。

就像跳舞要做拉伸，练功要扎马步一样，这些基本功必须经常练。

言归正传，关于"长城"，有这样一句诗："烽火连三月，家书抵万金。"战争时，信息是很宝贵的，信息传递是很重要的。杜甫的这个角度就可以是你的立意。

这样，这篇文章的立意就有了。我们的文章就建构到了第3步。

例子1：以"长城"为主题

第1步：联想名词

山峰、山谷、屏障、信号、狼烟、战争、冷兵器时代

第2步：给名词搭配形容词（给名词搭配最精准的形容词）

| 长城—绵延万里 | 山峰—层峦叠嶂 |
| 山谷—郁郁葱葱 | 屏障—人工 |

信号—重要、宝贵　　　　狼烟—四起、烽火

战争—残酷　　　　　　　冷兵器时代—血肉相搏

第 3 步：从诗词歌赋、成语典故等中找到文章的立意

烽火连三月，家书抵万金

2.1.5　建构第 4 步：动词与画龙点睛

我们在第 1 章说过，写文章最重要的就是动词。人脑对动作特别敏感，而且处理动词时激活的大脑区域与观察或者做动作时激活的大脑区域有重叠之处。这就意味着，我们听到动词，就会想象到动作。

动词是句子的眼，好的动词能恰如其分地把几个名词连起来。什么叫"好的动词"呢？就是越具体越好，越动态越好，越形象越好，因为这样能够帮助大脑更好地去"想象"动作。

下面我们举几个例子。

"他痛苦地答应了"不如"他咬着牙红着眼睛点了头"。

"我仔细地想了想"不如"我一个环节一个环节地细细琢磨了一遍"。

"我吃了冰激凌"不如"我舔了舔冰激凌，又在嘴里咂了一下味道"。

大家看出来了吗？关于动词，最重要的是能产生画面感，即最好能激活读者的镜像神经元，让他们在大脑里跟你一起动起来。

所以，几个关键的名词要搭配非常点睛的动词。

我们继续以"长城"的主题为例，在其中一些名词的组合中间，都放一个有动态感的动词。

长城—蜿蜒—山峰

长城—蛰伏—山谷

屏障—抵抗来袭

狼烟—传输—信号

冷兵器时代—血肉相搏

此时，我们的素材框就变成下面这样了。

例子 1：以"长城"为主题

第 1 步：联想名词

山峰、山谷、屏障、信号、狼烟、战争、冷兵器时代

第 2 步：给名词搭配形容词（给名词搭配最精准的形容词）

长城—绵延万里	山峰—层峦叠嶂
山谷—郁郁葱葱	屏障—人工
信号—重要、宝贵	狼烟—四起、烽火
战争—残酷	冷兵器时代—血肉相搏

第 3 步：从诗词歌赋、成语典故等中找到文章的立意

烽火连三月，家书抵万金

第 4 步：添加动词

长城—蜿蜒—山峰	长城—蛰伏—山谷

屏障—抵抗来袭　　　　狼烟—传输—信号

冷兵器时代—血肉相搏

2.1.6　建构第 5 步：把上面的部分结合起来

我们把上面的材料再集成一下，整合成下面的贴纸，并且对材料进行编号。

例子 1：以"长城"为主题

联想名词与形容词

长城—绵延万里 (1)　　　山峰—层峦叠嶂 (2)

山谷—郁郁葱葱 (3)　　　屏障—人工 (4)

信号—重要、宝贵 (5)　　　狼烟—四起、烽火 (6)

战争—残酷 (7)　　　　　冷兵器时代—血肉相搏 (8)

添加动词

长城—蜿蜒—山峰 (9)　　　长城—蛰伏—山谷 (10)

屏障—抵抗来袭 (11)　　　狼烟—传输—信号 (12)

冷兵器时代—血肉相搏 (13)

中心思想

烽火连三月，家书抵万金 (14)

把这些材料整合起来，就得到了下面的段落（文中的标号对应的就是材料的编号）。

绵延万里的长城 (1)，蜿蜒在层峦叠嶂的山峰之上 (2, 9)，也蛰伏于郁郁葱葱的山谷 (3, 10)。冷兵器时代 (8)，长城是一个人工屏障 (4)，也是一座信号台 (5)。匈奴来袭，狼烟便四起 (6)。

因此，长城传输的是战时最宝贵的东西 (5, 7, 12)：信息与情报。所谓"烽火连三月，家书抵万金"，古代战争最宝贵的就是信息，哪怕它在现代人看来只有几个比特 (5, 12, 14)。

这不是一个完美的段落，还需要很多修改，但是已经是一个很好的段落了。对于那些盯着屏幕或者草稿纸不知道写什么的人来说，能够用这样的建构方法来写作文，就可以非常容易地写出一个段落。

下面我给大家提供一个练习，你可以现在就拿一张纸来练练。

作文题目：一顿精致的晚餐

练习 1：先列出 7 到 10 个名词，用来描写一顿精致的晚餐，可以是菜肴或者陈设。

练习 2：给你的 7 到 10 个名词都搭配一个合适的形容词，可以从色香味和环境、文化等不同角度出发。

练习 3：给你的晚餐找一句诗或一个典故当立意，从色香味和环境、文化等任何角度都可以。

练习 4：给你的名词添加动词，注意动词的选取要精致。

练习 5：把以上几个练习的材料连起来，形成一段文字。注意，不需要把所有的材料都用上，按需选取就可以。

当一步步地把以上五个练习都做完之后，你就可以形成一个非常精致有趣的、关于晚餐的段落了。

2.2 扩展到抽象场景：跟我一起练

上一节讲了如何建构段落，可能有的读者会提出："你上面的例子都是非常具象的，长城、晚餐这样的话题能够这样建构，不代表我们在中考、高考中遇到的作文也可以用这样的方法啊！"

我想告诉大家：都可以用！所以，在这一节里，我会把这种建构方法用在中考、高考的作文题目上，以及古今中外的各种话题上，也会用它来建构天文、地理、科学等主题的说明文，以及各种议论文。那么我们现在开始吧。

2.2.1 往年中考作文题目的建构样例

首先，我们拿一些过去的中考作文题目来做练习。2021 年广东省很多地区（东莞、佛山、惠州等）的中考作文题目是"这才是少年应有的模样"，我们就拿它来做练习。

第 1 步，先想出一些跟"少年应有的模样"相关的名词。

我们可以分为四组，第一组是"少年长什么模样"。少年最外在的特征是什么呢？可能是年龄，可能是朝气。

第二组是"少年有什么品格"。我们想到了"志气""理想""勇气""星辰大海"等。

第三组是"少年有什么思维上的特质"。我们想到了"好奇心""热情""赤子之心"等。

最后一组是"少年应该做什么事情"。我们想到了"实践""创新"和"真理"。

例子2：以"少年应有的模样"为主题

第1步：联想名词

年龄、朝气

志气、理想、勇气、星辰大海

好奇心、热情、赤子之心

实践、创新、真理

第2步，想想跟这些名词相关的形容词。

给名词搭配形容词，如下所示。

例子2：以"少年应有的模样"为主题

第1步：联想名词

年龄、朝气

志气、理想、勇气、星辰大海

好奇心、热情、赤子之心

实践、创新、真理

第 2 步：给名词搭配形容词

花一般的年龄　　　　　　向上的朝气

永不服输的志气　　　　　崇高的理想

敢于竞争和拼搏的勇气　　辽阔的星辰大海

永不熄灭的好奇心　　　　永不衰退的热情

珍贵的赤子之心　　　　　实践、创新、真理

我给能加形容词的名词都加上了形容词。

第 3 步，按照上一节的步骤，加一些经典的名言警句，这样可以升华主题。不得不说，这个作文题目太简单了，因为正好扣在梁启超的散文《少年中国说》的主题上面。

《少年中国说》中有这么一段："少年智则国智，少年富则国富；少年强则国强，少年独立则国独立；少年自由则国自由；少年进步则国进步；少年胜于欧洲则国胜于欧洲；少年雄于地球则国雄于地球。"

把这段加进第 3 步，作为文章的立意，则材料如下所示。

例子 2：以"少年应有的模样"为主题

第 1 步：联想名词

年龄、朝气

志气、理想、勇气、星辰大海

好奇心、热情、赤子之心

实践、创新、真理

第 2 步：给名词搭配形容词

花一般的年龄	向上的朝气
永不服输的志气	崇高的理想
敢于竞争和拼搏的勇气	辽阔的星辰大海
永不熄灭的好奇心	永不衰退的热情
珍贵的赤子之心	实践、创新、真理

第 3 步：从诗词歌赋、成语典故等中找到文章的立意

少年智则国智，少年富则国富；少年强则国强，少年独立则国独立；少年自由则国自由；少年进步则国进步；少年胜于欧洲则国胜于欧洲；少年雄于地球则国雄于地球

第 4 步：把所有的名词连起来，可以用一些精致的动词连接。这样我们就可以形成一些短语了。比如：

花一般的年龄—蕴藏—向上的朝气

永不服输的志气—承载—理想

我们把这些词组放进我们的素材框里。

例子 2：以"少年应有的模样"为主题

第 1 步：联想名词

年龄、朝气

志气、理想、勇气、星辰大海

好奇心、热情、赤子之心

实践、创新、真理

第 2 步：给名词搭配形容词

花一般的年龄	向上的朝气
永不服输的志气	崇高的理想
敢于竞争和拼搏的勇气	辽阔的星辰大海
永不熄灭的好奇心	永不衰退的热情
珍贵的赤子之心	实践、创新、真理

第 3 步：从诗词歌赋、成语典故等中找到文章的立意

少年智则国智，少年富则国富；少年强则国强，少年独立则国独立；少年自由则国自由；少年进步则国进步；少年胜于欧洲则国胜于欧洲；少年雄于地球则国雄于地球

第 4 步：添加动词

花一般的年龄——蕴藏——向上的朝气

永不服输的志气——承载——理想

崇高的理想——迈进——辽阔的星辰大海

第 5 步，把上面的素材连在一起，形成几个段落。

什么是少年应有的模样？（点题）有人说，是花一般的年龄；也有人说，是珍贵的赤子之心；还有人说，是永不服输的志气；更多人说，是崇高的理想。

这些都对，但是少年的模样，并不仅仅是这些。梁启超在《少年中国说》中，曾这样对少年寄予厚望：

"少年智则国智，少年富则国富；少年强则国强，少年独立则国独立；少年自由则国自由；少年进步则国进步；少年胜于欧洲则国胜于欧洲；少年雄于地球则国雄于地球。"

这告诉我们，一个国家的未来在于少年的模样，少年的模样塑造了国家未来的模样。因此，我们不仅仅要有花一般的年龄，我们要用这样的年龄蕴藏向上的朝气；我们也不仅仅需要有赤子之心，我们要用这赤子之心点燃永不衰退的热情；我们也不能只有崇高的理想，我们要用这理想迈进辽阔的星辰大海。

大家可以看到，这篇短文取材于上面的素材框，而且已经给文章开了一个好头。后面我们可以用这样的方法搭建更多的段落。

有人可能会说："这样也不是很快啊！"但是，对于那些一点都写不出来的人来说，这样的方法已经是最快的了。

等熟练之后，就可以跳过步骤，直接开始写句子了。

2.2.2　往年高考作文题目的建构样例

中考作文题目可以用上面的方法进行建构，高考作文题目也可以。下面我们用 2020 年全国新高考 II 卷的作文题目来举例。

电视台邀请你客串《中华地名》主持人，请以"带你走进 ＿＿＿"为题（补充一个地名，使题目完整），写一篇主持词。

我来写我的家乡：北京。

第 1 步，把跟北京的"衣食住行"相关的名词都写下来。

故宫、颐和园、圆明园、古都、长城、胡同

糖耳朵、艾窝窝、驴打滚、烤鸭、涮羊肉、豆汁

空竹、剃头、京韵大鼓、京剧、相声

第 2 步，给每个名词都搭配一个合适的形容词作为修饰语。

气势恢宏的故宫、布满亭台楼阁的颐和园、万园之园圆明园、千年古都、绵延万里的长城、四通八达的胡同

甜蜜黏腻的糖耳朵、米香四溢的艾窝窝、Q 弹爽滑的驴打滚、脆皮冒油的烤鸭、热腾腾的铜锅涮羊肉、酸爽的豆汁

嘶嘶作响抖空竹、擦皮带磨刀的传统剃头、国粹京剧、喜闻乐见的相声、曲艺精粹京韵大鼓

第 3 步，给文章选一句古诗词作为立意。

在写北京的诗里，最有名的是陈子昂的《登幽州台歌》。

前不见古人，后不见来者。

念天地之悠悠，独怆然而涕下。

这首诗比较悲切，但是作为开头，可以凑合用来讲古今北京的变化。

例子 3：以"带你走进北京"为主题

第1步：联想名词

故宫、颐和园、圆明园、古都、长城、胡同

糖耳朵、艾窝窝、驴打滚、烤鸭、涮羊肉、豆汁

空竹、剃头、京韵大鼓、京剧、相声

第2步：给名词搭配形容词

气势恢宏的故宫、布满亭台楼阁的颐和园、万园之园圆明园、千年古都、绵延万里的长城、四通八达的胡同

甜蜜黏腻的糖耳朵、米香四溢的艾窝窝、Q弹爽滑的驴打滚、脆皮冒油的烤鸭、热腾腾的铜锅涮羊肉、酸爽的豆汁

嘶嘶作响抖空竹、擦皮带磨刀的传统剃头、国粹京剧、喜闻乐见的相声、曲艺精粹京韵大鼓

第3步：从诗词歌赋、成语典故等中找到文章的立意

前不见古人，后不见来者。念天地之悠悠，独怆然而涕下

下面我们跳过第 4 步（因为这次的例子是文化白描，没有太大必要连接动词），直接用上面这些素材连成一篇短文。

古代的北京，叫"幽州"。陈子昂在《登幽州台歌》中这样描写北京："前不见古人，后不见来者。念天地之悠悠，独怆然而涕下。"

在元朝以前的古人眼中，幽州似乎是天下的尽头。进入匈奴疆域的最后一道边界，整日大雪纷飞，天地悠悠，令人怆然而涕下。而后，元、明、清朝都定都北京，北京逐渐成了中国的政治和文化中心。

作为千年古都，北京拥有无数历史遗迹：气势恢宏的故宫博物院、布满亭台楼阁的颐和园、曾经是万园之园的圆明园，还有绵延万里的长城以及独具特色的四通八达的胡同。

坐着人力三轮车，或者跑步，穿梭于北京的内城，到现在还可以看见传统的剃头师傅，哈着白气，在冬日里用皮带磨刀，一群爷爷奶奶嘶嘶作响地抖空竹。

北京是曲艺之都。有京韵大鼓、国粹京剧，还有群众喜闻乐见的相声，这些曲艺精粹都在北京的文化里，一点点渗透、生根、发扬光大。

上面的文字光是罗列北京有什么，就已经有 300 多字了，况且每一段还都没有展开。如果再展开、修改，那么变成高考作文一点也不难。

2.2.3 古今中外：古代人、现代人、家乡或远方的建构样例

上面我们讲了一种搭梯子的建构方法：名词—形容词—典故—动词—建构段落。

当然，我们还可以用其他方法建构，比如对于某个人物和某个地方，我们可以用各个方面的属性来建构。

一个人物的属性如下所示。

- 生活的年代
- 逸闻轶事
- 主要成就
- 对后人或对自己的启发
- 性格和偏好

一个地方的属性如下所示。

- 历史
- 著名风景
- 地理人文
- 吃喝玩乐之处
- 古代遗迹
- 民俗曲艺

所以，我们还可以对主题进行填表式建构，当你把熟悉的一个人物或一个地方的相应属性都填上去了，就可以把这几个属性的答案连在一起，形成段落了。

我们举两个例子，第一个是用上面所说的属性对一个人物进行建构，表 2-1 是以牛顿为例进行建构的。

表 2-1　以牛顿为例建构一篇作文

属性	具体信息
生活的年代	1643 年 1 月 4 日—1727 年 3 月 31 日
主要成就	发现了万有引力定律、二项式定理等，提出了牛顿三定律、光的微粒说等，还给数学分支"微积分"奠定了基础
性格和偏好	非常痴迷于炼金术，总是寻找能把日常物品变成稀有金属的方法。据说，牛顿研究科学都是利用业余时间。凯恩斯曾经通过拍卖，购得了牛顿的手稿，发现里面大多数的内容并不是科学研究，而是炼金术的研究
逸闻轶事	牛顿曾经把一根长针扎进自己眼睛里，还曾经直视太阳很久，用以研究光学，最后导致视力受损，经过三天才恢复过来
对后人或对自己的启发	无数的科学遗产，分布在数学、力学、光学和哲学上

第二个是用上面所说的属性对一个地方进行建构。我们以洛阳为例来建构（表 2-2）。

表 2-2　以洛阳为例建构一篇作文

属性	具体信息
历史	5000 多年历史、丝绸之路起点之一、华夏文明起源地之一
地理人文	位于河南省，属于中原地区，人杰地灵，十三朝古都
古代遗迹	洛阳市有二里头遗址、偃师商城遗址、东周王城遗址、汉魏洛阳城遗址、隋唐洛阳城遗址等五大都城遗址，以及龙门石窟、汉函谷关、含嘉仓三大世界遗产
著名风景	赏牡丹
吃喝玩乐之处	吃水席
民俗曲艺	豫剧

下面我想请你们以如下话题为例练习一下建构。

- 一位古代的历史名人
- 一位你最崇拜的科学家
- 一位你最喜欢的企业家
- 你的家乡
- 一个你最想去旅游的地方

本章总结

　　在本章，我们用皮亚杰建构来帮助大家快速地写出了段落。虽然这些段落并不是完美的，但是你可以用这些段落来对抗"空白页综合征"。

　　巧妇难为无米之炊，我们第一步当然要找下锅的米。这些米就是你看到的事物，以及这些事物的属性，把它们连起来变成段落就可以了。

　　希望你经常使用我们这里的方法速写段落，这样就可以熟能生巧了。

03

从大脑到
宏观故事构建

我们在第 1 章阐述了为什么写作与脑科学有关，在第 2 章阐述了如何进行快速写作，那么到了这一章，就开始进入核心部分了，那就是"宏观故事构建"。

我们在一开始的序言中讲了，现在国内市场讲微观写作的书非常多，也就是在你已经知道你要写什么故事，而且已经有了文章的草稿的情况下，教你怎么把文章修改得更好的书非常多。现在我们缺乏的是讲宏观写作与快速写作的书。

在上一章，我们已经用皮亚杰建构教大家如何快速写作。在这一章，我们来讲讲宏观写作。

什么叫宏观写作呢？简单来说，就是"如何编故事"。宏观写作与如何寻找最合适的动词，如何进行修辞，如何使用关联词这些语言技巧都无关。所谓宏观写作，就是构建文章的"骨架"。如果没有好的骨架，不知道如何编故事，那么哪怕有再多的语言技巧，也无用武之地。

所以在这一章，我们来讲讲大脑喜欢什么样的故事，我们应该如何安排材料，把稀松平常的人生，变成精彩绝伦的故事。

3.1 电影大师大卫·林奇的游戏：一个利用卡片写故事的故事

宏观写作（也就是如何构建故事）原理，其实不仅仅适用于写作，它适用于广泛的内容制作（电影、视频、音频、游戏等）。凡是需要"剧本"的东西，都需要宏观写作。

著名的电影导演大卫·林奇，在 MasterClass^① 上讲述了他进行宏观故事构建的方法：在开始构建一个新的电影故事时，他会拿出 70 张空白卡片，在每一张卡片上写一个段子，或者有趣的生活中的故事。

当有了 70 张已写好的卡片时，他就会把这些卡片都摆出来，一张张地观察，再重新排列，然后变成一个故事。

我曾经写过一篇文章，主题是"女性要摆脱琐碎人生"，里面就用了大卫·林奇的这种方法。我对人生中的几个故事来回地排列重组，对童年的记忆、父母告诉我的事情，还有姥姥说过的话，来回地进行闪回，拿这个主题在这几个故事中切换。我的纸卡上只有这几个故事（图 3-1）。

纸卡 1：小时候，大杂院的老太太总是喜欢盯着我和表弟，动不动就向舅舅和舅妈告状。	纸卡 2：我婴儿时期喜欢打挺，姥姥非常喜欢，说："这个女娃娃能鲤鱼跃龙门。"	纸卡 3：上大学的时候，老师告诉我们"君子以自强不息""为祖国健康工作五十年"。
纸卡 4：我爸说，过去的女人没有选择，但我们这一代有选择和机会。	纸卡 5：我妈说，大杂院的老太太数十年如一日地告状。	纸卡 6：我观察到很多有志气的女孩不愿意自己的生活归于琐碎。

图 3-1　用大卫·林奇的方法写作所积攒下的六张纸卡

大家可以看到，这六张纸卡只是我人生中一个个片段的"快

① 美国一个提供在线视频课程的教育平台，成立于 2012 年。

照"，它们只是我人生的一小段剪影而已。这些不是故事，故事要靠这些剪影来组织，给这些剪影留下意义。

下面我就把我凭借这些剪影写下的关于"女人要摆脱琐碎人生"的文章给大家看一下。穿梭于这些纸卡之间，这些我人生中的每一个时刻，都在提醒我"摆脱琐碎"的重大意义——当悟出来这些剪影的共同之处时，我们就拥有了一个故事。

我的价值观

今天，我给大家随便讲讲我的价值观（以及它是怎么建立的），以及我觉得人生最可怕的东西是什么。

我小学时和表弟是同学，我超级喜欢住在舅舅舅妈家，和表弟一起写作业一起玩。那个时候，他们还住在大杂院，生活条件比较差，住宿也拥挤。

在大杂院里，有几个老太太特别嘴碎，喜欢跟我舅妈告状，说我和我表弟又去哪里玩了，又闯什么祸了。她们全天 24 小时盯着别人家的孩子，并不是因为她们喜欢孩子，而是因为她们喜欢找这些孩子的错处，好去趾高气昂地告诉他们的家长"您家的孩子多么没规矩"。

我真是烦死她们整天煽风点火了。好在我舅妈是一个非常温柔大度的人，从来不听这些。老太太们不甘心，就等我舅舅回家再告状。等到舅舅骂我表弟或者打我表弟了，她们才满意地离去。

这些老太太的行为，与我父母和姥姥给我的教育大相径庭，让我产生了很多思考。

我婴儿时期，喜欢在床上打挺。我姥姥特别喜欢，说这个姑娘能"鲤鱼跃龙门"。她特别喜欢我旺盛的精神头儿，还给我绣了一条"鲤鱼跃龙门"的小被子。

我小时候刚认字，我爸爸就明确地跟我说："女人想在这个世界出头，太难了。一定要记住，切勿玩物丧志。"

我爸告诉我："很多东西都是游戏。打扮，玩洋娃娃，与其他小朋友交往，人与人之间的闲话和算计，这些都是游戏。切勿因为游戏，忘掉自己的志向。"

我长大了，喜欢各种"游戏"。我喜欢打电子游戏，喜欢追剧、追星，喜欢看书、写文章、上网，喜欢到处逛、花钱买买买，我也喜欢听人八卦，喜欢看男生打篮球，喜欢看帅哥，喜欢吃喝玩乐。

我从不过"禁欲"的生活，也不想远离世俗，去过什么"极简主义"。得益于我爸从小给我的"反沉迷训练"，我知道这些都是"游戏"，也懂得"切勿玩物丧志"。

我胖过，也瘦过，恋爱过，也失恋过。胖的时候有人劝我减肥，瘦的时候有人夸我好看，恋爱的时候很高兴，失恋的时候也曾哭过。但是，其实我都明白，所谓的身材、容颜、恋爱、女生之间的争斗、娱乐，其实都是"游戏"。

我不能沉迷于此，我要有大志向。

我父母给我的教育是：不能做一个琐碎的人。就拿开头提到的大杂院里那几个老太太来说，我虽然烦她们，但也可怜她们：为什么人生这样琐碎？

我爸说："以往的女人没有选择，只能过琐碎的人生，每天只能想鸡毛蒜皮。而你们80后这一代的女性，几乎是第一代能靠读书选择自己命运的女性，你一定要抓住历史的机会。"

我妈说："这些老太太，我跟你舅舅小时候，她们就天天跟你姥姥告状。如今你和你表弟都长大了，她们还是数十年如一日，换成跟你舅妈告状了。"我小时候想，我不能活得像她们那么琐碎。

铺垫了这么长，我想说，这就是我的价值观的形成过程。一个人的价值观，可以从她最恐惧什么来谈起。

我最恐惧的，就是变成一个琐碎的人：没有志向，没有理想，没有什么星辰大海，每天絮叨孩子，挑他们的错处，每天跟菜贩子争几毛钱，或者絮叨老公为什么不关抽屉门，为什么不出去抽烟。

我澄清一下：我不是鄙视这样的人，我是恐惧这样的琐碎生活。大杂院的老太太们不知道这个世界还有万千的精彩，不知道人可以活成什么样子。她们都是文盲或者半文盲。

她们摸不清自己想要什么。千百年来，女性都是这样过的，

她们在家里的鸡毛蒜皮中消磨了一生:

穷人家的担心棒子面够不够吃;
富人家的琢磨我婆婆的镯子啥时候传给我;
温柔一些的给老公补补衣服;
泼辣一些的跟婆婆斗斗嘴皮子;
聪明的知道干点绣活儿贴补家用;
懒一些的躺在脏被子上抱怨别人家的汉子好。

无论她们性格如何、家境如何,终究逃不过的,是琐碎的家长里短。可即便这样的女性,也有很多人渴望有自己的天地。那么受过教育的女性,怎么可能想失去光明?

在我成长的过程中,我爸、我妈、祖父母、外祖父母,都对我寄予厚望。我上学学的是"君子以自强不息",是"为祖国健康工作五十年"。

我少女时代都不敢"玩物丧志",我成年了,岂能让一生归于琐碎?我认为这就是很多年轻人,特别是年轻的女性不敢结婚的原因。

诚然,在婚恋中,确实有很多人眼高于顶,老想找自己够不着的人,也有一些人指望靠婚姻过日子。但是,绝不是所有人都这样。我知道,有很多女孩跟我当年一样,并不是她们看不上别人,也不是她们眼高于顶。

她们不是惧怕当"贤妻良母",而是惧怕"只是个贤妻良母"，失去了自己的身份和理想。对于一个从小立下志向的女孩，让她归于琐碎，其残酷程度约等于曾经见过光明又失去了眼睛。

这就是我的价值观。

这就是大卫·林奇的方法：把人生的几个片段穿插在一起，然后把这几个片段共同的感悟当作线，把这些片段当作珍珠，就可以串连出一个故事。

3.2 起承转合：精彩故事的公式就在你的大脑里

从上面的例子可知，宏观故事构建的技巧，即产生一个故事的方法，不仅可以用在英文创作上，也可以用在中文创作上，而且不仅限于电影或写作，它可以用于任何内容的创作。这是因为，宏观故事的构建与说哪国语言无关，它是故事的串联方法。

每当一个国家的国运逐渐上升时，内容创作（也就是基于故事的创意产业）就会呈现百花齐放的景象，内容创作需求也会呈爆发式增长。这个规律在历史上经常可以见到。比如文艺复兴的兴起，根本原因就在于生产力的发展，在于经济的繁荣。文艺复兴时期产生了很多内容创作的艺术家，涉及众多领域：绘画、雕塑、音乐、建筑、哲学、文学，还有戏剧和歌剧等。

再比如美国的好莱坞。从 20 世纪 50 年代开始，随着美国经济的蓬勃发展，好莱坞开始了腾飞式发展，产生了大量的国际影星、优秀电影，还推动了美国文化的大量输出以及美国整个第三产业的发展。

我们中国马上就要进入这个阶段了。在不久的未来，将有大量的与内容创作有关的工作机会。现在打下好的构建故事的基础，将来就可以在马上要爆发的各种内容创作领域有极强的竞争力。这对提高个人经济效益、发展新经济，以及从制造业转型成"智造业"，都有极大的帮助。

想要创造出优秀的内容，基石就是创造出令人激动的故事。前面我们讲了大卫·林奇的卡片式故事构建方法。但这种经验主义是远远不够的，从脑科学的角度来说，一个精彩的故事必须在起承转合上下功夫。

起、承、转、合，在每一步都要精心架构，才能够一直抓住读者的心。

3.2.1　起：开头如何吸引人

开篇如何"起"，这是文章最要紧的问题。没有人有义务看你的文章，所以把读者"抓住"，是作者的首要任务。如何一开场就让人期待不已，而且迫不及待要追这个故事，是一个重要的技巧。下面我们从脑科学的角度，教大家两个简单易行的方法。

方法 1：描述危险的场景

大脑是极度响应危险的。我们的大脑有一个 HPA 轴（the hypothalamic-pituitary-adrenal axis，下丘脑 - 垂体 - 肾上腺轴），专门用来处理紧急的情况，有 fight or flight（战斗或逃跑）的反应。这是人脑中一个极其重要、极其核心、极其原始、极其自动的反应。

同时，由于人的大脑里充满了镜像神经元，所以不仅仅是在自己遇见危险的时候，"战斗或逃跑"这个响应回路会被激活，在别人遇见危险的时候，我们也会精神非常专注和紧张。

因此，文章的开头描写一个"危险"的能激活肾上腺素的场景，就能够非常有效地吸引住观众的注意。不知道大家有没有看过这样的电影或小说：一上来，主角就在被黑恶势力追赶，或者一上来，主角就正在被各路高手追杀或正在跳悬崖。

这样的故事一开始就抓人眼球，一下子就把人吸住了。当然，所谓的危险，不一定非得是肉体上的。

情感或者生理上的危险也是可以的。比如在一开始描写"你要去参加一个重要的面试，路上却遇到了意外"或者"你去找一个暗恋很久的人表白，却不敢推门而入"。

这样的开头都会非常吸引人。

方法 2：描述出人意料的场景

大脑也有特殊的信号来处理跟日常生活不一样的新奇的场景和元素。研究脑电生理学的同学都知道，当遇见一个新奇的场景或者事物的时候，大脑就会产生一个很大的脑电波：N400。也就是在遇见一个新奇的场景或者事物时，在刺激生成之后的 400

毫秒，会产生一个大的负向的脑电波（我们在第 1 章也提到过）。这个脑电波的产生是因为神经元遇见新奇的刺激，就会产生大的"集体兴奋"。而脑电波就是"神经元集体兴奋"的标志。

出人意料，就能引人注意。"神经元对新奇事物集体兴奋"是深藏在大脑里的"机关"，揪住了，就可以吸引人的注意力。出人意料，并不仅仅指惊吓，其实幽默也是一种出人意料。因此，我们经常看见一些特别牛的小说，一开始都是很幽默的语言或者很幽默的情节。

比如，我写的下面这段话，大家就会觉得很有意思。

一般的小说，男女主角都像有金刚护体一样，怎么刺杀都杀不死。但在这个故事里，我们的主角，没有光环。她这会儿就要吐血而亡了。

这种反"主角光环"的设定就会吸引读者进入故事。

幽默是一个把生活中的有趣之处进行扩大和形象化的过程，比如下面这个写"纹身了就不能发胖了"的小段子，也适合作为开头。

要严正警告那些想纹身的同学们：纹身了可就不能发胖了！否则——玫瑰变大红花，郁金香变向日葵，金鱼变热带鱼，藤蔓变仙人掌，骏马变山猪，蝴蝶变蛾子，蜈蚣变螃蟹，连纹个字，都会行书变隶书，草书变图腾啊！

3.2.2 承：如何保持读者注意力

有了好的开头还不够。在故事发展的过程中保持读者的注意力是十分重要的。依赖于人脑里的激素，特别是催产素的存在，人对感同身受的故事特别能够保持注意力。就像一个灵魂深处和你相似的朋友跟你分享经历，你特别能听得下去一样。

方法 1：故事的主角有和读者共同的经历

有一些经历是人类都有的。比如，小时候觉得"大人都很幼稚，有一天我长大了会怎么怎么样"，或者班主任们都会说"你们是我带过的最差的一届"，又或者寒假回家，妈妈都会做一大桌子菜。

这样的情节都会引起读者很大的共鸣，让读者跟着继续读下去。我们在承接故事的过程中，一定要加入一些这种能够让人共情的内容。

3.1 节中关于"女人要摆脱琐碎"的文章里就加入了很多这样的"人类共同经历"：很多女孩见过因为没有选择而使得生活失去理想的长辈。这样的写作方法更能让人代入。

方法 2：故事的主角有读者向往的品质，或者有可以让读者产生共鸣的品质

如果当我们的读者在现实生活中遇到了我们故事中的主角时，想和他成为朋友，甚至喜欢他、尊敬他，那就表明主角与读者成功联系起来了。

比如主角非常地励志，在艰苦的环境下，他虽然掉了无数的眼泪，遭遇了无数的坎坷，但还是"站起来"了，那么读者就会受到很大的激发。

我们一定要发掘出故事主角特殊的闪光之处，在故事中"承接"的部分把这个闪光之处表达出来——这样才可以抓住读者的心，让他们愿意继续读下去。

很多年轻的朋友管这个步骤叫"入坑"[①]，我觉得非常贴切：我们要在这个阶段，使读者对我们故事中的角色"入坑"，让他们喜欢上故事中的角色——这样才能完全"吸住"读者。

方法3：主角需要可爱，但他并不是没有弱点

当看到了一个角色的痛苦、脆弱和需要时，读者就会和他有更深的联系。

假设我们看到一个男孩，瘦瘦弱弱，一副书呆子模样，戴着眼镜，穿着格子衬衫，站在玻璃门外，看着心仪的女孩，双手在背后握着一束玫瑰。正在他紧张地犹豫着不敢进去的时候，一个高大壮硕的男生突然出现，撞了他一下，但完全没有道歉的意思，直接走了进去，和女孩来了一个大大的拥抱。

原来这个高大壮硕的男生是女孩新的男朋友。

当看到这样一个小故事时，我们的心就会悄悄地转向那个"书呆子"男孩，替他着急，替他惋惜，替他感到委屈。

---

① 网络用语，指专注地投入某一件事情之中。

当读者的心被牵动时，故事就开始走向成功了。

3.2.3　转：期待本身比结果更重要

有很多人会写精彩的开头和耐人寻味的结尾，但是故事的中间会松懈。这种在中间松懈的故事，就会给人一种非常不过瘾的感觉。

"过瘾"的故事是指那些情节会越来越上升，让人越来越激动，越来越耐人寻味的故事。这就要求"转"的方法特别好。有一个特别有趣的方法，叫"定时炸弹"。

比如第 1 章提到的《印第安纳琼斯》这部系列电影，主角每次都在山洞快要爆炸的最后一刻，才从山洞滚出来。

这样的电影故事技法，在后来的很多电影中得到了应用。这就是"定时炸弹"：主角在故事中知道，自己在某个时间点必须要做一件什么大事，否则就大事不妙。

当然，"定时炸弹"并不一定是真的炸弹，也可以是各种 deadline（最后期限）。

比如这样的情节：姑娘明天就要离开这个城市了，一个暗恋她八年的男生，到现在还不敢表白。

或者这样的情节：你们一行五个人参加机器人大赛，本来所有准备工作都就绪，明天就要上台展示了，结果头一天晚上，你不小心把可乐洒到了主板上，机器人"死机"了。

抑或是这样的情节：母亲把婴儿放在了安全座椅里，却忘了系安全带；她正在一边打电话一边开车；在她看不见的转角，有一辆大货车疾速驶来。

这些情节都是"定时炸弹"，因为它们都会激起读者的"时间强迫症"。"时间强迫症"是人类大脑的一个重要的习惯，当 deadline 临近，而故事中的人物还没达到要求或期待的时候，读者就会着急、焦虑、紧张、被代入故事。上面所有的"定时炸弹"情节都能让读者发出内心独白。

比如，姑娘就要离开，男生还不表白，很多读者就会发出这样的内心独白："快点，别磨叽了。"

而假如你在参加大赛之前，把展示的机器人弄坏了，读者就可能发出这样的内心独白："怎么这么笨？"

人物每一次的成功或失败，读者都会跟着紧张起来，这就是因为故事设定中有个 deadline，也就是"定时炸弹"。由于"时间强迫症"，这些"定时炸弹"一定会吸引着读者继续阅读，去追踪故事的结尾。

这就是"定时炸弹"之所以能"攻击"读者大脑的原理。我们可以把这种构建故事的方法用在自己的文章里，在"转"的部分进行"定时炸弹"的构建。

3.2.4 合：大脑最喜欢曲折而充满斗争的故事

下面我们就要说到"结尾"了，也就是怎么"合"，怎么才能不虎头蛇尾。其实本质上来说，大脑喜欢的是矛盾、斗争和战胜困难的故事。

"斗争之后战胜困难"这样的叙事结构在人类社会是非常有用的。人类的社会是一个社交性非常强的社会，人与人之间的关系和斗争，在大脑中占有很重要的地位，我们前面也讲过这样的观点。

另外，与自然环境和野兽的斗争，又体现了人类生活的另一方面，要生存，就要"明知不可为而为之"。

因此，人与人之间的斗争，人与自然之间的斗争，都是最吸引人的故事。这就是为什么很多人喜欢"宫斗"题材或自然探索题材的内容。

因此，让主角做"屠龙的骑士"，**给主角一个挑战**，成了一个非常重要的写作技巧。很多故事的主角经过千辛万苦，与天斗，与地斗，与人斗，才最终获得了胜利——大脑就喜欢这样的故事。

另外，"学习"也是在斗争中获胜的一个很大的因素：很多时候，最终的结局是主角在斗争过程中会有一个大的转变，领悟到新的道理，发现了新的事情，在困难中大彻大悟。

在领悟到新的道理的时候，大脑会释放 GABA（γ-氨基丁酸），即一种跟学习有关的神经递质。在故事的高潮，我们要给斗争一个"解决方案"，这个"解决方案"要通过主角的顿悟表现出来。当主角顿悟的时候，这个故事的道理就会显现，读者一样会跟着大彻大悟，大脑里也会释放出令人顿悟的 GABA。

没有解决方案的故事是不完整的，会让人感觉"虎头蛇尾"，并不过瘾。

而有了"定时炸弹"，有了"斗争"，有了"大彻大悟"以及"解决方案"的故事，会让人觉得非常完整、过瘾。

像上面那个机器人比赛的例子，故事情节就可以写成："当主板因为被浇了可乐而坏掉之后，你们需要找一个新的主板。但是，从网上买已经来不及了。这个时候，团队的人打了起来，打了一架之后，大家都精疲力竭、垂头丧气，因为第二天就要展示了，只剩下 8 个小时，而你们所有人还都不知道能怎么办。突然一个成员发现，一台旧电脑的主板也可以用。于是大家团结一心，把这个主板接好了。最后，你们在大赛中获得了圆满成功。"

这样，故事就完成了"转"和"合"的部分：不仅有"定时炸弹"，还有"斗争"，以及最后的"大彻大悟"与"解决方案"。

结合上面所有的部分，我们发现一个精彩故事的公式就是：

起（用危险或出人意料的开始抓住读者眼球）+ 承（引起读者的感同身受）+ 转（用"定时炸弹"来炸出期待）+ 合（重重困难和斗争与主角的大彻大悟）= 精彩的故事

那么，有没有故事离开了这个套路仍然精彩呢？可以说，在人类的历史上，有很多"反"这个套路的故事，我们依然感觉很精彩。但是，那需要非常强的故事构建能力和更强的叙事能力，非一般人所能教授。当我们熟练掌握套路，加以应用，写出一些扣人心弦的故事之后，再学习那些比较难的技巧也不迟。

本章总结

在本章，我们重点介绍了宏观的故事构建。大卫·林奇的卡片方法可以帮你找到一些生活中的片段和灵感。这些片段如同珍珠，如何把它们串起来呢？我们利用脑科学的方法，告诉了大家如何进行起承转合——这就是一种串珍珠的方法。

当你掌握了这个技巧，再辅以第 2 章所讲的速写段落的技巧，那么文章的大体框架就有了，这样你就拥有了"第一稿"，彻底摆脱了"空白页综合征"。

04

给大脑写的文字:
简单又接地气

在前面的章节中，我们讲了很多关于故事构建的技法和技巧。下面的两章，我们会转换角度，讲一讲文字。

我们先讨论下面这些问题：为什么说大脑是慵懒的？到底什么样的文字是它所喜欢的？阅读在大脑里的过程到底是什么样子的？怎么才能"炮制"出大脑喜欢的文章，使得读者觉得顺畅又回味悠长呢？

因此，这章我们就讲讲"可读性"这个量化的标准，以及"修辞"这个文学化的手段。为什么对于文字要讲这两点呢？

因为写文章就像做菜，可读性是指你的食材的"做熟程度"——必须全部的食材都熟了，大脑才可以"吃"。而修辞就像是"调味"，有人"口味轻"，有人"口味重"，不同的作者，修辞的程度也不一样：有人以简单朴实为主要文字风格，而有人每句话都带着修辞。但不论你是哪种风格，修辞都必须匹配可读性，就像调味必须匹配食材一样。这样你的菜或者文章才有浑然一体的感觉。

那么，下面我们就来讲讲大脑的特性与"可读性"的构建，以及比喻、拟人、排比三种修辞的运用。

4.1 大脑的特性是慵懒

我有一次听丹尼尔·沃普特（Daniel Wolpert，英国一位知名神经科学家）的 TED 演讲。他说，有一种初等生物叫作海鞘，它在生命初期在海里游动和探索。然后在某一时刻，海鞘会在岩石上安定下来，再也不移动，并开始吞吃消化自己的大脑和神经系统[32]。原因是，海鞘在安定之后，就不需要再探索和折腾了，大脑这种费能量的昂贵组织，留来何用呢？说完这个故事，沃普特笑着说："这多么像已经拿了终身编制的教授啊！"

听完这个小故事，可能大家会哈哈大笑。但是沃普特讲这个故事的本来意义是：大脑是昂贵且费能量的，从进化的角度来说，能不费脑子就不费脑子。

诺贝尔奖得主丹尼尔·卡尼曼的《思考，快与慢》对这个现象做了详细的论述，就是我们在第1章提过的大脑的系统1和系统2[33]。

系统1是一个"自动巡航系统"，也就是自动的省能量系统，平时用起来不费劲，但是真遇见问题了，可能会出现小的纰漏。

系统1管什么呢？可以说，系统1管生活中除了"新的难题"以外的几乎所有事情，比如早上起床，在你迷迷糊糊的时候，你穿上衣服，洗脸刷牙，坐地铁去上班。这些都不需要过多的思考，都是你的系统1在帮你做事。

系统1除了管日常生活，也管你"熟悉的工作"。比如你是一个老程序员，那么你所做的大多数编程工作是由系统1完成的。只有在遇到你不是很熟悉的关键算法时，你才会调用系统2。

所以，这就是在脑力劳动中，老手和新手的区别：老手有80%的工作用系统1完成，而新手80%的工作需要用系统2。

系统 2 是极其耗费能量的。它是用来干什么的呢？是解决新的问题，寻找难题的答案，去学习新的技能，做你不熟悉的事情。

比如在学几何的第一天回家解几何证明题，在学物理的第一天回家做受力分析，或者在学编程的第一天回家写程序。这些过程都需要用系统 2。

很多人有这样的体验：在国外上学，使用外语一整天之后回家，脑子会很累。这是因为你的外语还不是很熟练，所以你必须调用系统 2。如果你在国外生活了很多年，你就不会累了，因为那个时候，外语已经进入了你的系统 1。

综上所述，大脑是能不用系统 2 就不用系统 2，因为系统 2 是非常耗费能量的，一旦用了就会非常累。

很多家长经常批评孩子"不爱动脑子"。但实际上，绝大多数人是不爱动脑子的，动脑子和去健身房运动一样，都是逆人性的。

因此，我们的文章中，不可以有大段的需要大量调动系统 2 的文字——这会让人读起来很累。虽然看书是为了学习，但是作者应该给读者以"缓坡"，也就是一步步地搭好梯子，而不是让读者大段地读艰深晦涩的文字去费脑子，否则读者还没有学到什么东西，还没有读到引人入胜的地方，就已经失去耐心了。

关于这件事，我们有一个测量工具，叫"可读性"。这个测量工具是一个舶来品，但在中文中也有应用，那么我们就来看看"可读性"是怎么计算的吧。

4.1.1 什么是可读性

我相信很多小朋友和家长都刷过"英语分级阅读"的读物。那么你们有没有想过"英语分级阅读"是怎么分级的呢?

其实，就是靠"可读性"的公式来分级的。简单地说，就是根据可读性把英语文章分成几个难度，这就叫"分级"。有了"可读性"计算方法，你也就可以给自己的文章分级了。

关于英语文章的可读性，有好多种计算公式，这些公式是由不同的作者通过不同的研究总结出来的。我们给大家举几个例子。

弗莱士阅读容易度计算公式（The Flesch Reading Ease Readability Formula）

具体的公式是：

阅读容易度 = 206.835 − (1.015×句子平均长度) − (84.6×单词的平均音节数量)

也就是说，得分越高，证明句子越短，单词的音节越少，因此阅读容易度也就越高。

- 阅读容易度得分在 90 和 100 之间的文章一般来说可以被五年级的学生所理解。
- 阅读容易度得分在 60 和 70 之间的文章一般来说可以被八年级到九年级的学生所理解。
- 阅读容易度得分在 0 和 30 之间的文章要具备大学本科以上的学历才能理解。

弗莱士—金凯德年级水平分级阅读公式（The Flesch-Kincaid Grade Level Readability Formula）

具体的公式是：

年级水平 =（0.39×句子平均长度）+（11.8×单词的平均音节数量）- 15.59

也就是说，得分越高，证明句子越长，单词的音节越多，因此阅读年级水平也就越高。其中，句子平均长度的权重比较低，只有 0.39，而每个单词的平均音节数量的权重比较高，为 11.8。所以掌握由多音节词组成的长句子是阅读升级的关键。

这个公式的计算结果是年级数。也就是说，如果用上面的公式计算得出的是 9，那么这个阅读材料就适合九年级的学生。

迷雾指数（The Gunning Fog Index）

具体的公式是：

迷雾指数 = 0.4×[（文本单词总数 / 文本句子总数）+ 100×（文本中长单词数量 / 文本单词总数）]

迷雾指数是英文出版界的标杆，迷雾指数在 8 以下的文章是比较容易理解的，而在 12 以上的文章是很难被人理解的。《圣经》和马克·吐温的文章迷雾指数都在 6 左右，而《时代周刊》和《华尔街日报》的迷雾指数在 11。

除了上述的一些可读性计算公式，还有不少其他的可读性计算公式，比如 Coleman-Liau 指数（Coleman-Liau Index）、自动阅读指数（Automated Readability Index）等。

从上面的计算，我们可以看出对于英文这样的拼音文字来说，判断可读性的高低，主要看的就是"句子有多长，单词的音节有多少"。这些特征可以说是文章的"表面特征"，也就是文章看上去有多难。

由此可见，可读性高的文章里很少用特别难拼写的单词，也很少用长句子。同时，可读性与文学性并不是完全挂钩的，可读性高并不代表文学性就差。优秀的作者完全可以用可读性很好的文字写出文学性非常强的文章。比如马克·吐温的所有小说，用的都是简短的句子和简单的单词，但是寓意非常地深刻。

当然，以现在的技术来说，可读性不需要手动计算了。在正版的 Microsoft Word 软件中设置一下就可以计算英文的可读性，或者在任意的搜索引擎中搜索 readability calculator，就可以找到很多在线计算英文可读性的工具。

那么中文可读性是不是也可以这样计算呢？答案是肯定的。台湾师范大学做了一个系统来计算中文的可读性[34]~[37]，叫作 Chinese Readability Index Explorer[1]，简称 CRIE。

这个系统是基于中文繁体字的，但是把简体字输入进去也可以计算，只是结果会受到一些影响。这个计算中文可读性的系统类似于英文的系统，只计算文章的"表面特征"，也就是根据有没有用一些非常晦涩的字，字的笔画是不是很多，句子是不是特别

① http://www.chinesereadability.net/CRIE/index.aspx

长等进行计算。

什么样的文章是可读性很差的呢？2020 年高考，浙江省的一篇满分作文在网上流传。这篇文章引起了广泛的热议，部分文字如下所示。

现代社会以海德格尔的一句"一切实践传统都已经瓦解完了"为嚆矢。滥觞于家庭与社会传统的期望正失去它们的借鉴意义。但面对看似无垠的未来天空，我想循卡尔维诺"树上的男爵"的生活好过过早地振翮。

我们怀揣热忱的灵魂天然被赋予对超越性的追求，不屑于古旧坐标的约束，钟情于在别处的芬芳。但当这种期望流于对过去观念不假思索的批判，乃至走向虚无与达达主义时，便值得警惕了。与秩序的落差、错位向来不能为越矩的行为张本。而纵然我们已有翔实的蓝图，仍不能自持已在浪潮之巅立下了自己的沉锚。

……

这篇文章竟能得满分，一石激起千层浪：网上热搜不断，《人民日报》等大的媒体也进行了评论和转载。

为什么大家争议那么大呢？就是因为这篇文章没有平衡可读性和文学性。最高的文学境界，是用大白话讲出流传千年的故事和诗句，就像白居易那样，写出的诗歌老奶奶都听得懂，或者像朱自清的散文，朴实平和，却让人回味。

读者的期望什么时候能被满足，或者说读者的审美品位什么时候能被调动呢？就是一段文字"双高"的时候，即可读性很高，文学性也很高，这就是用简单的文字，传达出深刻的意思。

如果做不到"双高"，至少也应该做到文字难度与文学性相匹配。也就是说，当这段话必须用上比较难的词和比较长的句子才能说明白时，再用比较难的词和句子。

当一段文字可读性很低、文学性又不高的时候，读者就会觉得作者在"拽文"：两句话能说清楚的事情，非要拽一顿辞藻，这中间必有猫腻。

上面这篇满分作文，就引起了很多人关于"是不是考生在跟阅卷人对暗号""这是不是一种新型作弊"的猜测。

很多读者之所以猜测的原因就是：一篇高考作文的立意并没有那么深（简单地说，作者的立意就是"当社会从传统走向现代，固有权威在解体，不假思索的批判只会让人陷入虚无主义"），但是他用了以下这些非常生僻的词：嚆矢、振翮、肯綮、玉墀、袚魅、婞直、孜孜矻矻。

很多作家表示，这样有点"辞不配位"：作文要表达的意思，完全可以用更简单朴实的语言表示，不会造成任何信息丢失。

4.1.2 可读性与大脑的慵懒之间的关系

我们讲了半天的可读性，那么它到底跟大脑的慵懒有没有关系呢？答案是肯定的。这就要提到第 1 章所说的阅读的两条通路了。

如第 1 章的图 1-4 所示，阅读实际上有两条通路：一条通路是从声音开始的"朗读通路"，即先把字形变成声音，再变成文字的意思；还有一条通路是直接从文字到意思的"默读通路"。所以，不论是哪条阅读通路，解析字形都是阅读的起始。

对于英语来说，字形的难度取决于单词的拼写和句子的长短；对于中文来说，字形难度就取决于每个字造字有多复杂，词有多生僻，以及句子的长短。

所以从这个角度来说，可读性就是对大脑慵懒程度的一种把握。如果你文章的可读性很低，那么大脑肯定不会喜欢读。

很多人误以为提高可读性就会降低文字的深刻性，这完全是对文学的误解。有很多文学大家用简单的文字揭示了深刻的道理。比如，白居易经常把自己的诗词念给老婆婆听，她们听不懂就改，直到她们能够明白诗词的意思。因此，可读性与文章的深刻性是完全可以脱钩的。

初学写作的人驾驭文字的能力不是很强，往往喜欢堆砌华丽的辞藻，这是一种非常不明智的做法，会降低文章的可读性。你的文字看上去越难，读者就越不爱读。每写一句话，就会丢失掉很多读者。

谈到这里，可能很多朋友会有这样的问题："我是很想把文章写得非常简单、清楚明白，但是作文老师不喜欢呀！"或者"我的领导不喜欢呀，他们就喜欢有文学性或者说堆砌辞藻的文风，怎么办？"

不要着急，照顾大脑的慵懒性与产出文采飞扬的文章，这两点并不矛盾。所有人都喜欢荡气回肠的文字。那怎么做到一篇文章读起来酣畅淋漓，又能让人拍案叫绝呢？这就需要特殊的修辞方法了。

4.2 让大脑喜欢的修辞方法

不同语言因为书写结构和语法的不同，修辞方法也会略有不同。但是绝大多数语言支持下面三个人类共通的修辞方法：比喻、拟人和排比。在世界上绝大多数语言中，比喻、拟人和排比不仅仅存在，而且都是支柱性的修辞方法。

为什么比喻、拟人和排比这三种修辞方法也存在于世界上绝大多数语言中呢？因为这三种修辞方法已经超越了语言的界限，它们的存在跟大脑的惰性相关，人类就用这三种修辞来降低自己的思考难度。

比喻的本质就是用熟悉的东西、常见的东西、具象的东西和看得见摸得着的实体的东西来作喻体，由此让人能够理解不熟悉的东西、生僻或者抽象的概念，以及看不见摸不着的感受。

因此，比喻的"神"作用就是降低大脑理解的难度，一下子让人有画面感和熟悉感。如果这样的效果没有达到，那么这个比喻就会显得比较生硬。

拟人更是一种能够帮助人类大脑理解与人类无关的自然现象和抽象概念的修辞方法。这是因为人类的思维模式经常是"以人类为中心"的。老外专门有一个词形容这种思维角度：human-centric（以人类为中心）。它的意思是我们总是以人类的想法，以人类的思维角度来看待其他事物。

我们举几个例子。人们经常觉得穿漂亮衣服好看，所以就会给猫狗也穿衣服；经常觉得人类经过精加工和烹调的食物好吃，所以也经常给小动物喂人类的各种食物；经常觉得自己站在下雪的黑夜中会很孤寂，所以经常有人如此形容一个雪人：它站在雪夜中，仿佛很孤寂。甚至当一些专门在战场扫雷的特殊机器人被地雷炸了，也会有人说："哇，这些机器人好可怜，为我们牺牲了。"总结来说，就是人类经常为这些小动物，甚至没有生命的物体赋予人类的情感，这就是一种以人类为中心的思想。

这种以人类为中心的思想，对于做科学研究来说是不好的，会让研究者陷入"实际是以人类为中心，却误以为自己客观"的怪圈。最有名的一个例子就是丁仲礼院士在接受记者的采访时，对中国碳排放问题的回答。记者提到，一些国外的专家说如果中国人不减少碳排放，就没法儿拯救地球。丁仲礼院士很直白地回答："是人类拯救自己的问题……地球用不着你拯救。"在这里，西方专家所谓的"限制碳排放能够拯救地球"，实际上就是一种典型的以人类为中心的思维模式。

但是对于写作来说，这种以人类为中心的固有思维模式反倒是一个可以利用的杠杆支点。读者的大脑需要这种以人类为中心的思想，很多道理可以通过满足这种需求而讲明白。以人类为中心的写作手法可以让读者很轻松地接受抽象的理论。这就是拟人的修辞方法产生的根基。

排比对大脑的作用就更好理解了。用网络上的俗语来说，这就叫作"重要的话说三遍"。从我们脑科学的角度阐述，排比就是用文字的重复来给文章"划重点"。

人慵懒的大脑是需要"划重点"这个服务的。其实我们每个人都渴望重点，尤其是当你学一个很难的科目的时候，或者读一本内容很深刻的书的时候。能够帮你划好重点的老师，或者帮你划好重点的笔记，能够让你慵懒的大脑得到一定的喘息。同样，善用排比的作者也是那些能够帮你在文章的重点处或者高潮处划出重点的作者，自然能够得到读者的喜欢。因此，我们可以认为排比是一种在高潮或者需要强调的地方，气势恢宏地"给大脑划重点"的方法。

我们总结一下：比喻、拟人、排比这三种修辞方法之所以在绝大多数语言中成为修辞的支柱，是因为它们支撑了人类的思维，迎合了大脑的懒惰。

下面我们就具体来讲一讲这三种修辞方法的技巧，看看到底用什么样的训练可以使自己的修辞更能迎合大脑的懒惰，它们是如何帮助读者理解你的文章的，以及我们如何通过修辞降低文章的难度，提高文章的可读性。

4.2.1　用比喻呵护缺乏想象力的大脑

绝大多数人在面对抽象的概念或者陌生的概念时是缺乏想

象力的。比喻能够通过具象化从两个方面帮助人想象：一是从"属性"上辅助想象，二是从抽象的"关系"上辅助想象。

那么我们分别来举例说明。

首先，什么叫"从属性上辅助想象"呢？简单来说，就是你的本体肯定有各种各样的"特征"：颜色、大小、质地、密度等。这些特征就称为属性。我们可以从每个属性中找一个喻体来具象化你的本体，这样就可以帮你的大脑"拼凑"出本体到底是什么样子。

比如，我们给"棉花糖"作一个比喻：

一颗完美的棉花糖，应该有像新鲜牛奶一样的颜色，像棉球一样蓬松，像云朵那样轻盈，吃起来还会拉丝。

这样的一个比喻就可以让读者心里产生一个画面：棉花糖是什么形状、什么质地、什么密度。

当然，这样的属性比喻并不局限于简单的视觉属性，可以是感知的任何方面，比如：

路上的交通如此拥堵，每个轮胎上就像有 502 胶水一样，和沥青路面黏合在一起，撕也撕不开。

在这个比喻句里，我们就用胶水的黏性来比喻交通的拥堵程度。

因此，比喻句有这样一个作用：让抽象的属性，通过感知的具象化而产生画面感，让人容易理解。

在这个方面，中国文学是最先进的，有很多成语就是用比喻的修辞把抽象的概念具体化了。

"抽丝剥茧"是用古代人民熟悉的抽桑蚕丝来比喻复杂而精细的流程。

"行云流水"是用云的飘动和水的流动来比喻文章或者画面的流动。

"精耕细作"是用耕种这种人民熟悉的过程来比喻做其他事情的耐心和细致。

这些成语就是比喻的非常好的范例，把一切抽象的概念都具象化了。下面举个例子。

这本书我给很多公司的高管朋友推荐过，一旦读过，我相信你会像近视的人第一次戴上眼镜，看到世界焕发出不一样的色彩，呈现出清晰的运行脉络。

我用"近视的人第一次戴上眼镜"来比喻读者读了这本书后思路、视野被打开的感觉。这种有趣的画面感就是比喻这种修辞的精髓。

第 3 章 P67 最后一段提到过的那个小段子也体现了极强的画面感。虽然它不是比喻句，但可以让大家体会画面感的产生过程。

当然，比喻除了具象化属性之外，还有一个作用，就是可以具象化关系。比如我们看下面一个关系示意（图 4-1）。

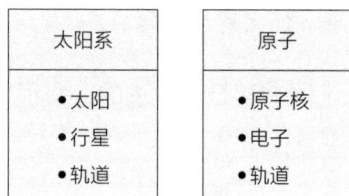

图 4-1　太阳系与原子的关系示意

这并不是说太阳系长得像原子，而是它们内部的关系有一些像：都有一个质量很大的中心（太阳、原子核），也都有质量小的实体沿着轨道围绕中心运行（行星、电子）。

这种关系的类似，也可以变成比喻句。

理解原子的内部结构并不难：我们可以想象原子核就像是太阳一样，而周围的电子就像是行星，绕着原子核在轨道上运行。

这样的类比让原子的整体结构在大脑里有了画面感。这就是靠用大家熟悉的关系模型（太阳系中太阳与行星之间的关系）来构建不熟悉的关系模型（原子中原子核和电子之间的关系）实现的。

前些日子我写了一条微博，这条微博被无数人转发，并且流传到了微信的朋友圈和小红书。这条微博如下所示。

我觉得很多一胎生了女娃的家长比一胎生了男娃的家长，热衷于要二胎，也不一定都是因为重男轻女。

是因为女娃娃确实大概率比较乖，比较懂事，比较自律，让这些家长对自己的能力产生了幻觉，觉得自己是育儿"专家"，不再生一个可惜了。

男娃家长很多也想生二胎的，来个闺女。没想到后来对自己的能力产生了清醒的认识。

写育儿书的，大多数是女娃家长。

怎么说呢？感觉就是把训"边牧"的经验写下来，给"哈士奇"的爸妈看。

什么"不吼不叫，好好沟通"——这一看就是家里都是"边牧"。

你生个"哈士奇"就知道了，他自己就嗷嗷嗷地狼叫。

这条微博爆火的原因是有句话触动了男宝宝家长的一根心弦："（一些育儿书的作者就是）把训'边牧'的经验写下来，给'哈士奇'的爸妈看。"

"育儿专家的理论"与"现实中父母的育儿困惑"之间的关系，我用训边牧与训哈士奇之间的关系进行了类比，就产生了画面感（图4-2）。

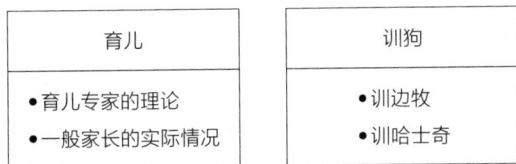

育儿	训狗
•育儿专家的理论 •一般家长的实际情况	•训边牧 •训哈士奇

图4-2 育儿与训狗的关系示意

4.2.2　拟人——赋予物体情感

我们在上面讲了"以人类为中心"这个思维上的谬误：人总是很自大，认为世间万物的情感，都是跟自己一样的。

这个思维的谬误是有很强大的生理基础的：我们大脑中有很多区域是用于处理和形成自我意识的。要形成"我"这个概念并不容易，需要很多层级的计算架构的搭建，还需要亿万年的演化。直到最近，我们才能够大致建模出人的自我意识是怎么在大脑中构建的[38]。

当然，自我意识的思维架构是非常重要的。如果没有自我意识，也发展不出来人类文明。小朋友就是认知到了"我"，才会有很多概念，比如归属、社交、计算、数学和语言交流等。

因此，虽然自我意识的产生会带来"以人类为中心"这个思维上的谬误，但是它是人类非常重要的一种固有思维，也可以被写作者利用。

人类的一大爱好就是给除了人以外的事物赋予人类的情感，并且用这些情感来渲染和表达自己的情感。如果能够利用好人类这个爱好，就可以写出非常好的文章。

比如，《雨中曲》这个电影就表现得非常有意思：男主收获了爱情之后，特别开心，就在下雨的时候在雨中跳起舞来。

"人有悲欢离合，月有阴晴圆缺。"月亮的阴晴圆缺，或者天气是晴朗的还是下着小雨，其实与人的感情并无关系，但是因为人需要抒发感情，而读者需要与你共情，所以这些外部事物的变化就与人的感情有了关系。

那么，我们应该怎么练好"拟人"这个修辞方法呢？其实很简单，想象你周围的事物都"活了"起来，它们都跟你一样，有想法，有感情，有自主意识。

其实你的家，就是迪士尼电影《美女与野兽》里被下了魔咒的城堡，蜡烛、钟表、台灯、茶壶，他们原本都是人，都有台词。

我们用这样的设定去思考身边的所有物品：我的牙刷会怎么想？我的茶杯会有什么感受？我的围巾会有什么样的内心独白？

我的牙刷会想："每天蹭来蹭去的还要洗冷水澡，真的又冷又潮又郁闷！"

我的茶杯会想："一天让我喝五次热汤，我肠胃都受不了了！"

我的围巾会想："缠在你脖子上我已经颈椎腰椎都疼了，不要再拿我的腿擦鼻涕了！"

这个练习就是赋予每一个物体人类的情感，你可以把自己的牢骚、抱怨、开心和甜蜜，都编成台词，赋予这些物体。

当你习惯做这样的"给物体编台词"的游戏，你就可以顺利地掌握"拟人"的修辞方法了。实际上，拟人没有任何难度，就是把你的情感投射在其他事物上，并且把这个游戏放大。

这个游戏也可以成为家长和小朋友之间的修辞练习游戏：每

个人要给家里的物体编个台词。

等大家都习惯做这样的游戏，拟人的修辞方法也就信手拈来了。

4.2.3　排比句——一个事物的三个方面

排比这个修辞方法虽然看上去复杂，但是实际上也很简单，就是摆出来一个事物的三个方面。

当我们指出任何一个事物的三个方面的时候，就可以形成一个排比句，而这可以用简单的"框架图"来进行训练。

举个例子，我现在想说一下悲观情绪是怎么产生的。那么"悲观的人"有哪三个特征呢？请看图 4-3。

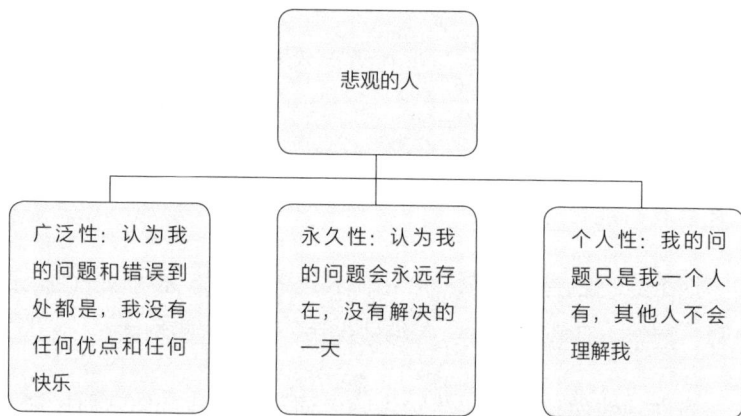

图 4-3　一个排比句的结构框架图范例

当我们有这样一个简单的框架图的时候，就可以产生一个非常漂亮的排比句了。

悲观的人，对问题有特殊的感知：从时间上，他们觉得问题永远会存在；从空间上，他们认为问题到处都是；从属性上，他们认为问题只属于我自己。

这就是一个很简单的排比句了，抓住了问题的三个方面。

对于任何东西都可以抓住其三个方面来写排比句。有一次，孔庆东老师在微博上写了一个排比句，意思是说俄罗斯有很深厚的文化、技术和政治底蕴等，将来一定会复兴。

他的排比句的结构如图 4-4 所示。

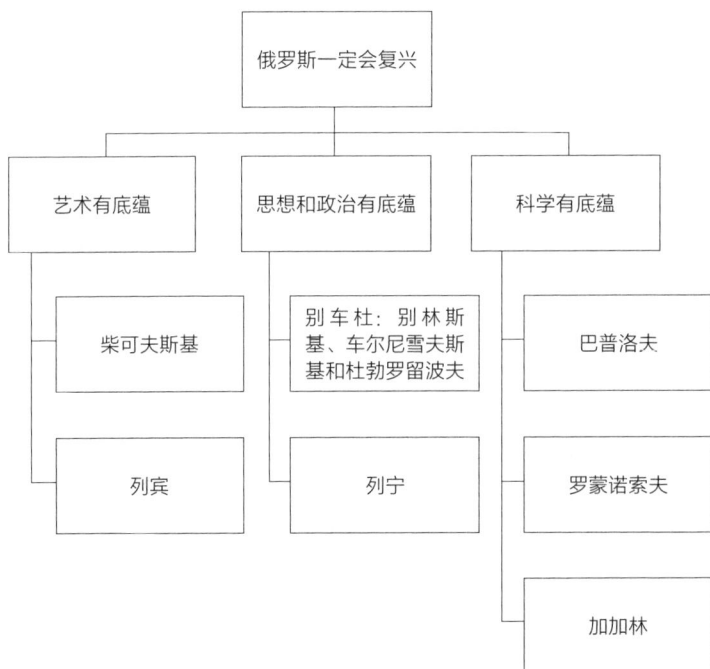

图 4-4 孔庆东的排比句的结构分析

他想了一个事物的三个方面，并且把每个方面的代表人物列了出来，这个排比句就应运而生了。

我相信产生过柴可夫斯基的旋律和列宾的色彩，产生过别车杜的雄文和列宁的宏图，产生过门捷列夫、巴甫洛夫、罗蒙诺索夫和加加林的这个国家，一定会度过不得不烧掉钢琴来取暖的寒冬，从春天迸裂的冰层里，探出它北极熊般伟岸的身躯。

由此可见，产生一个排比句的训练，就是想出"一个事物的三个方面"的训练。

所以我们可以做这样的练习来训练写排比句。比如，说一下一道美食（比如排骨面）出色的三个方面（图4-5）。

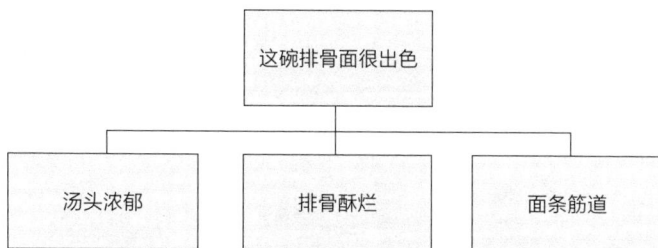

图 4-5　关于"一碗排骨面"的排比句的结构分析

写成排比句就是：

这碗面不仅仅融合了猪骨奶白浓郁的汤头、酥烂入味的排骨、筋道爽滑的面条，而且融合了多年的技艺和热爱。

所以，不论是简单的一碗面还是俄罗斯的精神，抑或是悲观情绪的心理理论，都可以列出其三个方面，形成一个绝妙的排比句。

4.2.4 修辞的游戏与修辞的皮亚杰建构

从上面的例子我们可以看出，修辞并不仅仅是文法，它还是一个游戏。可以用游戏的方式增加文字的画面感和层次感，从而在文采飞扬的同时提高可读性。

我们上面提示了玩转三种跨语言的修辞方法（比喻、拟人、排比）的游戏，在这里我们把这几个游戏再总结一下。

比喻是一种属性或者关系关联的游戏：用喻体之间的关系来描述本体的属性，或者本体之间的关系。

拟人是一种给非人的事物编台词的游戏：给桌子、椅子、水杯、电脑都编一段台词，揣摩它们的心理。

排比是一种找出事物的三个方面的游戏：任何一个问题，能不能从三个角度论述？把这三个角度排在一起，就是一个排比句。

我们把这几个游戏总结在图 4-6 中。

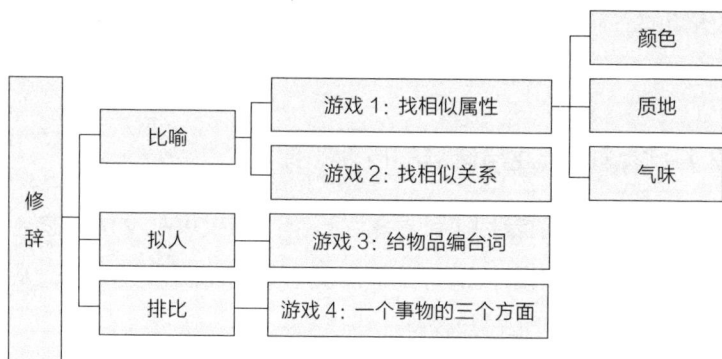

图 4-6 修辞的游戏

在第 2 章里，我们讲述了写作的皮亚杰建构。其实修辞也可以用这样的建构方法，一步步构造。

当我们不知道如何写比喻句的时候，可以先寻找我们想比喻的东西的属性或者关系，做这种找属性或者找关系的游戏。

当我们不知道如何写拟人句的时候，可以先做给物体和动物编台词或者内心独白的游戏。

当我们不知道怎么写排比句的时候，可以先做"想一件事情的三个方面"的游戏。

玩完这几个游戏，就可以把这些游戏的结果建构成基本的修辞。

本章总结

在本章，我们先讲了大脑是慵懒的，是不愿意细琢磨的（除非有必须琢磨的原因），所以我们要注重文章的可读性。

不论是中文还是英文，都有公式可以计算文章的可读性。这些公式大致由以下这些部分组成：

视觉上的复杂度（词的长度或者字的笔画）、词的生僻度，以及句子的长短与复杂度。

可读性强并不意味着文学性就差，有很多文章，可读性很强，文学性也很高。如果一味追求文学性，而可读性很差，文章就会有"卖弄文字"的嫌疑。

同时，我们也讲到，修辞的作用是帮助大脑理解。借助具体的事物抓住属性和关系的本质，是比喻的方法；将人类的情感投射到其他物品上，是拟人的方法；抓住一个事情的三个方面，是排比的方法。

像这样运用修辞方法，不仅能够提升文章的文学性，也能够提高可读性。

PART 5

05
大脑的
品味

就像绝大多数人生来喜欢吃甜食、油炸食品一样，大脑也有自己的"品味"。可能有些人会告诉我，每个人的品味并不一定一样啊，有些人就是喜欢吃苦瓜，有些人就是喜欢喝豆汁。确实不假，只是这些不同是后天培养出来的品味。

虽然我们承认人后天的品味确实随着不同的文化、不同的国家有所区别，但是人类的味觉和嗅觉是有很多共同点的：有很多食物，世界上所有的人都觉得很好吃，也有很多味道，世界上所有的人都不喜欢。

人脑对于故事的品味，与舌尖儿对于食物的品味是类似的。也就是说，我们因为后天的文化、个人的习性和教养的不同，对不同的故事有可能有不同的品味。但是，确实有一些故事是所有人类都会喜欢的，也是会流传千年的。那么，我们作为优秀的写作者，就应该去寻找这些人类共通的品味。

那么，这些共通的品味来自哪里呢？当然来自我们大脑的先天设置。我们的大脑自然地会有一些生理设置（以神经递质或者生理结构的形式），来帮助我们理解"代入感""羡慕""爱情"。所以自然地，当我们听到或者读到这样的故事，我们大脑的相应生理机制就会被激发。我们把这些生理机制叫作"模块"。

在第 3 章中，我们已经简单地整体叙述了一下这些生理机制在故事的"起—承—转—合"中的作用。但是，我们并没有把每个机制的模块单独拿出来讲。下面我们就把这些模块一一摆出来，把人类喜欢的故事的整体"版图"确定一下。

5.1 肾上腺素：给我支棱起来，战斗或逃跑

肾上腺素是人类生存最依赖的激素之一，也是"交感神经系统"最核心的激素，它介导交感神经系统的一切反应。那么可能有人要问了，什么叫"交感神经系统的反应"？其实这个名词说复杂也复杂，我可以给你背一整页神经生物学的书籍。但是说它简单，其实也简单，我可以用一句话告诉你："就是支棱起来的意思。"

其实我们在神经生物学的科普书上经常看见"战斗或逃跑"（fight or flight），这就是"支棱起来"的意思[39]。那么一个野外的小动物会因为什么支棱起来呢？一般来说有几种情况：第一，有天敌来了；第二，有竞争配偶或者抢食物的竞争者来了；第三，有漂亮的异性来了。

这个时候，肾上腺素就分泌出来了，它会告诉你："该起来干活了。"也有学者根据支棱程度对人类的情绪进行分类，做成了人类情绪的环状模型（图 5-1）[40]。

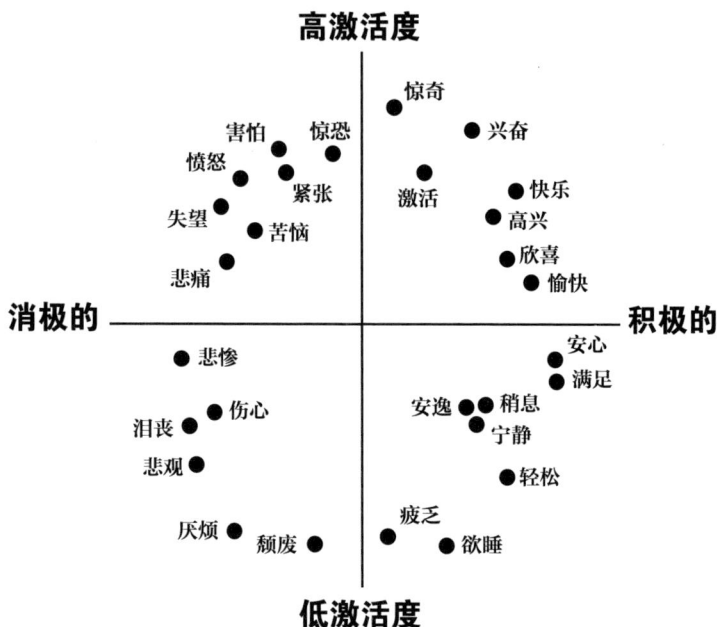

图 5-1　人类情绪的环状模型

人类情绪的环状模型是啥意思呢？就是对于人类的情绪，我们大致可以从两个维度进行分类：一个是激活度的高低，一个是积极还是消极。激活度的高低，就跟肾上腺素有关。

基于这样的两个维度，就可以把人类的情绪分成四个象限。第一象限是高激活又积极的，比如惊奇、兴奋、快乐等；第二象限是低激活又积极的，比如宁静、满足、安心等；第三象限是低激活且消极的，比如悲惨、沮丧、悲观、颓废等；最后一个象限是高激活且消极的，比如愤怒、紧张、惊恐等。

能量高的人就是总是处在上述模型中高激活区域的人。与此对应，能量低的人总是处在低激活区域。这就是为什么能量很高的人即便情绪很差也不会抑郁，而且往往以愤怒发泄负能量，而能量很低的人在情绪很差的时候就表现为抑郁、颓废，而不是愤怒这种高激活的情绪。这些都跟情绪模型的激活度有关，而情绪模型的激活度又跟肾上腺素的激活度有关，也就是跟这个人"支棱起来"的程度有关。

所以你可以认为肾上腺素代表着我们人类情感的一种"生物能量"，"生物能量"是一个故事吸引人读下去的基础：如果你的故事不能让人"支棱起来"，就会令人昏昏欲睡。

当然，我必须强调，任何规律都是有特例的，有一些文字大师会写出温柔如水的文字，即使没有太支棱的部分，也会吸引人读下去，但是那样需要有对文笔和人性的高级操控，并不是新手能做到的事情。

文字上的新手必须先学会写"爽文"，也就是"高激活"的文章，也就是"支棱起来"的文章。

那么如何打造一篇让人"肾上腺素激增"的"爽文"呢？我们把它也拆解成几个步骤，如图 5-2 所示。

从感官上制造紧张气氛 ➡ 危险出现 ➡ 内心的紧张 ➡ 看见一丝曙光

图 5-2　制造让肾上腺素激增的故事的步骤

第一步：**制造紧张的氛围**。这种紧张可以是来自声音的，可以是来自图像的，也可以是来自气味的。但是有一点很重要，那就是一定要是"感官"的，**越感官越紧张**。

下面我们举两个例子，一个是"做饭点着了厨房"，一个是"明天要交作业"。

例子一：

火星啪啪啪地响着，仿佛在酝酿一个大的爆炸【听觉】。锅已经烧焦了，锅底是黑色的碳焦，一股股浓烟往外喷【视觉】。我拼命地咳嗽，眼睛已经被浓烟呛出了眼泪【感觉】。

例子二：

天已经黑了很久了【视觉】，桌子上的时钟嘀嗒嘀嗒地响着【听觉】，邻居家的欢声笑语和饭菜香味传了过来【听觉和嗅觉】，我盯着一张白纸，还是毫无头绪。

第二步：当感官的氛围已经足了的时候，一定要**让最恐怖的危险出现**，危险就像老虎，必须踩着草丛出来。这样你的读者马上就支棱起来了。我们还是以上面的两个例子为蓝本来写。

例子一：

这时候，烟雾警报器响了起来。我闻到了燃气泄漏的味道。我大脑"轰"的一下，我生怕突然爆炸，赶紧冲出厨房大叫："不好了，快出门！"

例子二：

就在我摸着咕咕叫的肚子冥思苦想的时候，突然间，停电了！"完蛋了。"我想。我不仅没有思路，连蜡烛都没有。

第三步：**着重描写一下人物内心的紧张和最坏的可能情况。** 这样就能把氛围调动到最足。

下面我们还是续写上面的两个例子。

例子一：

我紧张得出了一身冷汗，万一燃气在我转移全家人之前爆炸了就完了。我一边给孩子捂住口鼻，一边颤抖着往外冲。

例子二：

我摸索着找到了手机，打开了手电筒，手机只剩30%的电量，估计也撑不了多久。我已经能够想象出来明天老师严厉的目光和嘴边的冷笑了。

第四步：**给出一个可能的解决方案，也就是希望，**因为读者的大脑需要这个。我们在危险的时候需要一道"曙光"，这样才能战胜一切。

我们还是以上面的两个例子来解析。

例子一：

这个时候，我突然想起来：我上次打折买过干粉灭火器！

虽然买来之后从没用过，但是此时也只能搏一把了，不能这样就把我辛苦经营的家烧光了。

例子二：

昏暗之间，我突然看见架子上的一本书——《国富论》。虽然跟我的作业关系不大，但是我想起来，它是以工厂制针的例子为开头的。如果我也把一件小事作为报告的开头，是否能跟老师交差呢？

这四个步骤就可以完全调动读者的肾上腺素，激活他们内心的"危险"能量。下面我们把两个例子的段落合起来，大家就可以看到效果了。

例子一：做饭点着了厨房

火星啪啪啪地响着，仿佛在酝酿一个大的爆炸。锅已经烧焦了，锅底是黑色的碳焦，一股股浓烟往外喷。我拼命地咳嗽，眼睛已经被浓烟呛出了眼泪。这时候，烟雾警报器响了起来。我闻到了燃气泄漏的味道。我大脑"轰"的一下，生怕突然爆炸，赶紧冲出厨房大叫："不好了，快出门！"

我紧张得出了一身冷汗，万一燃气在我转移全家人之前爆炸了就完了。我一边给孩子捂住口鼻，一边颤抖着往外冲。

这个时候，我突然想起来：我上次打折买过干粉灭火器！虽然买来之后从没用过，但是此时也只能搏一把了，不能这样就把我辛苦经营的家烧光了。

例子二：明天要交作业

天已经黑了很久了，桌子上的时钟嘀嗒嘀嗒地响着，邻居家的欢声笑语和饭菜香味传了过来，我盯着一张白纸，还是毫无头绪。就在我摸着咕咕叫的肚子闷思苦想的时候，突然间，停电了！"完蛋了。"我想。我不仅没有思路，连蜡烛都没有。

我摸索着找到了手机，打开了手电筒，手机只剩 30% 的电量，估计也撑不了多久。我已经能够想象出来明天老师严厉的目光和嘴边的冷笑了。

昏暗之间，我突然看见架子上的一本书——《国富论》。虽然跟我的作业关系不大，但是我想起来，它是以工厂制针的例子为开头的。如果我也把一件小事作为报告的开头，是否能跟老师交差呢？

不知道大家看完完整的段落，是不是有一丝丝紧张的感觉呢？当然，这并不是非常成功的段落，只是我个人通过分解人类的心理来完成的小的习作。

从这两个习作中，我们可以看到，这种制造紧张的技巧，既可以从生理的危险（着火）着手，也可以从心理的危险（要交作业）着手。

一篇精彩的作文需要制造某种危险，来唤醒读者。这就是让读者"支棱起来"的秘诀。我希望大家也可以用这四部曲，来练习写一个制造危险的段落。

5.2 镜像神经元：代入感的重要性

在第 2 章，我们简单提到了"镜像神经元"。在这一节里，我们会深入详细地解析镜像神经元，以及所谓的"具身认知"。

镜像神经元就是一个"照他人"的镜子，当别人说话的时候，当别人打球的时候，当别人做实验的时候，你大脑里的镜像神经元就开始模仿对方了，仿佛在做动作的人是你一样 [41]。

镜像神经元的这个操作是非常系统化的，因此有很多心理学者管这个操作叫具身认知 [42]（embodied cognition）。具身认知的意思是，当你有某方面经验的时候，你的大脑就会自动代入这个经历，不论这个经历是你自己的，还是别人的。比如你弹过钢琴，那么当你自己或者别人弹钢琴的时候，甚至你在大脑里排练弹钢琴的时候，你的大脑中负责弹琴的部分（也就是大脑掌管手指的区域）就会被激活。如果你是一个舞者，那么当你自己跳舞，或者看别人跳舞的时候，甚至是你在脑海里排练跳舞的时候，你的大脑中负责跳舞的部分（也就是大脑掌管肢体的部分）也会被激活。

所以，为什么很多人喜欢看电视剧中的吻戏呢？就是因为在看吻戏的时候，自己大脑中掌管爱情的区域也会被激活。

2017 年，我和我的博士后导师，以及一些科学家发表过一篇论文，这篇论文指出，具身认知已经进入了语言层面和细胞层面 [43]。动词也会激活一些运动皮层，或者大脑顶叶的神经元。下面的图 5-3 来自我自己的论文。细节大家不必知道，大家只需要知道其中的每一幅图片都是一个神经元的反应，它们的反应是对一个动词（如 put、remove 等）的反应。也就是说，大脑的运动皮层不仅仅对别人的动作有反应，甚至对动词也有反应：**听见了某个动词，自己也往往会在大脑里做出相应动作。**

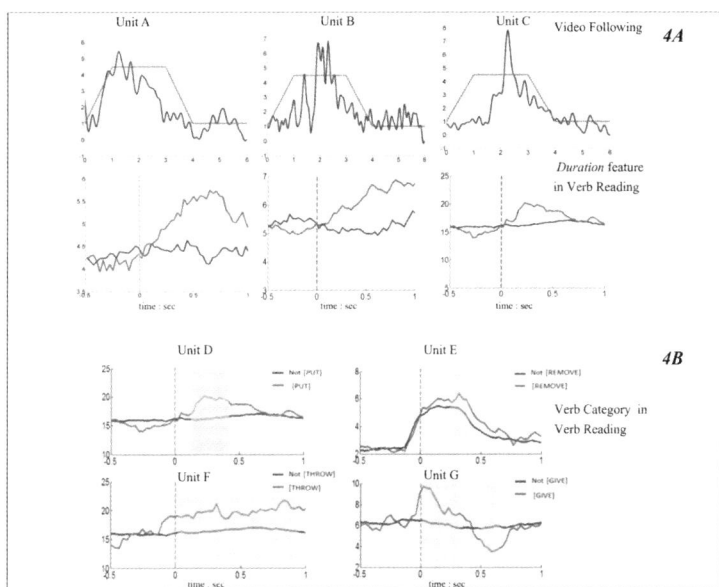

图 5-3　不同的神经元响应不同类型的动词

　　所以，我们在写作的过程中，必须激发"代入感"，也就是激发对方的镜像神经元，让他们如同身临其境：感受你的感受，甚至能想象出你的动作、你眼前的画面、你的情绪，这样你的故事就会非常吸引人。

　　那么，怎么才能调动神经元呢？这就关系到你要讲述的故事的"核心体验"了。核心体验（essential experience）这个概念，我是从杰西·谢尔（Jesse Schell）的《游戏设计艺术》这本书中读到的，就是你要抓住"在经历一件事的过程中，哪些体验是必不可少的"。

杰西举了一个打雪仗的例子。打雪仗有哪些核心体验呢？

> 下了很多雪，不上学啦！
> 雪在脸上是凉丝丝的。
> 我们拿雪做了一个碉堡，要猛攻对方。
> 佛莱德滚了一个大雪球，我一抬头看，它直接击中我的脑袋。
> 我不停地笑，我要滚一个更大的雪球给他砸回去。
> 他把雪往我的脖子里塞。
> 我一边躲，一边攒雪球给他塞回去。

上面这些就是打雪仗的核心体验：不用上学、快乐、凉丝丝的体感、构建防守攻势的快乐、被击中的一刻、"复仇"的快感，以及滚雪球、把雪球塞回去等。

这些核心体验才会让人代入打雪仗的场景。而一些非核心体验，比如"一个路人盯着我们看""旁边走过一个人，穿着条绒裤子"这些就不会让人代入。

有些朋友可能会问："并不是所有的体验都像打雪仗这么具体啊，那些抽象的感觉就不好抓住核心体验。那些抽象的体验该怎么解释呢？"其实很简单，抽象的感觉可以用具体的事情来制造核心体验的那种感觉。我以前写过一篇文章，叫《成功的感觉》，这篇文章就是用冲浪这个具体的故事，来描述"抓住时机"的那种感受。

我想跟大家讨论一下"成功的感觉"这个比较抽象的话题。有一年，我在夏威夷度假，很想学冲浪。但是学了一下午，怎么也站不到浪上面去。喝了很多海水，又渴又饿又累，真想回家了。

后来有个当地的老爷爷，估计是看我太可怜了，就走过来跟我说："你看见远处有个灯塔吗？你等浪到那个灯塔，就在心里喊1-2-3。喊到3就使劲往上跳，你就能跳到浪上。"

然后我就看见一道浪，过了灯塔，我就在心里喊1-2-3。这时候这个爷爷喊："快跳！"

我果然跳到了浪上！然后我发现冲浪特别好玩，你在浪上很平稳，就等着浪把你慢慢冲到沙滩就可以了。

后来这个爷爷走了。我又冲上去两次，虽然还是有被浪拍下来，但是也还能自己冲上去。

而且我渐渐体会到，所谓的"灯塔教学法"，其实本质是"时机"。你跳到浪上的时机要对，否则就会被海浪拍下去。

但是这个爷爷教我如何冲浪的时候，并没有给我讲抽象的时机，而是给我看了一个具象的灯塔。然后通过这个灯塔，让它作为一个参考点，帮助我至少成功一次。等你至少成功一次，你就找到了"成功的感觉"，你也得到了"学习的感觉"。找对了感觉，你就能自己总结经验。

这就是一个好的启蒙老师的作用。

人世间很多的知识和技巧，并不是说多勤奋、多努力、多死记硬背就可以。你必须做对一次，才能找到它的感觉。

找到了感觉，成功了一次，你就能自己总结经验。

比如说，做一个创新的项目、学习骑自行车、识人、做研究，甚至投资等，你都需要成功一次，才能真正入门。

如果你没有成功一次，那么每天学再多理论，你都没有入门。

而好的启蒙老师，必须想办法，让人迅速构建第一次成功经验，让他体验到"站在浪上"的感觉，才能把他领进门。

有很多很多人，被挡在了第一次成功经验的这道大门之外。

其实这篇文章所讲的感受是"好的老师要让人迅速构建成功的感觉"，这是一个很复杂很抽象的感受，但是我把冲浪这个具体的核心体验与构建成功感觉的核心体验对应起来了。

因此，构建了代入感，读者的镜像神经元就会响应，而引发它们响应的根源，就是"核心体验"。

这就需要你时时刻刻地聆听自己内心的声音了。

"我为什么喜欢打雪仗？到底哪里让我高兴了？"

"我为什么看这个电影觉得悲伤？到底是哪个地方悲伤了？"

"这个松饼为什么好吃？到底哪里好吃？"

我们中国的古人，其实是抓住核心体验的大师。在古典文学中，一个词、一句诗就能抓住核心体验的例子有很多。

"秋风扫落叶"这个成语就很妙：秋天的核心体验就是满地的落叶被刮起来随风飘舞的那一瞬间。

"接天莲叶无穷碧，映日荷花别样红"这句诗也很妙。这就是西湖六月的核心体验：无穷的荷叶、在阳光下耀眼的荷花。

再比如"竹外桃花三两枝，春江水暖鸭先知"，这句诗一读起来，就有春天的气息，因为桃花含苞欲放和鸭子开始游动就是春天的核心体验。

如果能抓住核心体验，你就能够调动读者的镜像神经元，让他们仿佛置身于你说的那个世界。

文字不是电影，不是 VR（虚拟现实），不是 3D 建模，它不能展示一个世界的所有细节。就像古人写诗一样，只用几个字，就能让你仿佛站在他的身边，但是这其实并不是靠细节，而是靠抓核心体验。

把核心体验描述得绘声绘色，你描述的世界就栩栩如生。

5.3 GABA：顿悟与哲理是大脑喜欢的故事高潮写法

As to methods there may be a million and then some, but principles are few. The man who grasps principles can successfully select his own methods. The man who tries methods, ignoring principles, is sure to have trouble. —Ralph Waldo Emerson

（方法可能有百万种，但原理只有几种。掌握原理的人总能成功找到属于自己的方法。总尝试不同方法、忽视原理的人肯定会有麻烦。——拉尔夫·沃尔多·爱默生）

爱默生这句话道出了人类思考的本质。人类都是追求那种苦思冥想或历尽灾难之后的顿悟的。

俞敏洪说的"在绝望中寻找希望，人生必将辉煌"也是这个意思，每个人都追求一个"解决方案"。就像做数学题，"想了两个小时终于想明白了"的那种成就感，是非常吸引人的。这就是"山穷水复疑无路，柳暗花明又一村"的感觉。

制造"柳暗花明"，就要想明白，每个故事必须有一个哲理，必须在结尾升华，否则就像吃牛肉面没加香菜，吃煎饼没有薄脆，吃火烧没有芝麻一样，总觉得少点什么。这就是你生理上的 GABA 在起作用。

GABA 一般指 γ-氨基丁酸，它是一种跟学习有关的神经递质。在故事的高潮，我们要给斗争一个"解决方案"，这个"解决方案"要通过主角的顿悟表现出来。没有解决方案的故事，会让人感觉"虎头蛇尾",并不过瘾。

那么如何产生哲理的顿悟呢?我觉得这也是一个日积月累的过程,需要我们经常做这样一个思考游戏:这个故事告诉了我们什么。

每遇见一个小故事,就思索"这个故事告诉我们什么"。有一些寓言故事会帮你点出来这一点,而有一些没有点出来。

每读一篇文章,或者每写一篇文章,就思索这个故事的意义,并且在最后把意义点出来,让读者明白。这种"恍然大悟"就会引起很多读者的共鸣。

下面我给大家举一个例子。它来自我的一条微博,主题是"不忘初心"。大家注意最后一句话,它就点出了全篇的哲理。

我絮叨一句自己的感想:人要不忘初心,是很难的。

包括所有人,包括我自己,包括那些你觉得了不起的大老板,很多时候,得不停提醒自己这一点,否则就会被裹挟着往前走,走到最后,就忘了自己想干什么了。

我给你们举个例子。比如有些企业家,刚开始是想做一些公益,但是在做公益的过程中,发现还可以营销品牌。回去一群"狗头军师"建议,既然我们都做了公益了,要不就使劲营销一番?老板被说得动心了。这就是被裹挟得忘了初心。

你说你拿这事儿营销,当地人不烦嘛?老拉着孩子们出去拍宣传片。你本来是作为一个有社会责任感的企业家,为社会做点事情的，结果最后人家还烦了你，得不偿失。

再举个例子，你说这些中小"网红"，很多人初心是很好的，不是为了赚钱，就是为了在网络上科普各个方面。

很多人的初心是：我为了给穷人家的孩子教英语，我为了科普法律，我为了做这个那个。

这都很好。

但是你一旦"红"了，就有MCN①找上门来，给你画大饼，声称能投资多少多少，给你做这个那个的矩阵。你变成了公司的一个人形立牌，目标变成了"把流量做大"。

短期内，你是能赚不少钱。但是，资本运作都是杀鸡取卵式的，而且是捆绑式的。

你那个时候，想起来，我一开始不是想干这个的，我只是想做个独立的小评论人。那就晚了。

再举个例子，有些人做实业，本来公司很好，业绩不错，利润也健康，每年给国家缴税很多，当地政府都说你是明星企业。结果，你被金融机构看上了。他们过去一通忽悠，你怎么怎么搞，可以把"盘子"做多大多大。

然后你各种贷款，各种操作，各种窟窿，把企业掏空了。山西那个昔日的"新能源首富"现在不都被通缉了吗？

---

① Multi-Channel Network 的缩写，意思是"多频道网络"。在这里指代 MCN 机构，即信息资源中介性质的一种组织。

为什么古人说"打江山容易，守江山难"？因为江山不在你手里的时候，江山就是你的目标。江山在你手里的时候，你是别人的目标。

最后这句话点出了全篇的哲理："江山不在你手里的时候，江山就是你的目标。江山在你手里的时候，你是别人的目标。"

当然，这里所谓的"江山"不是真的江山，而是指"事业的成功"。全篇在论述"为什么人要不忘初心"：当你成功了，很多人就要用你获得利益，就会拉你下水。而你避免忘记初心的唯一方法，就是坚守自己内心的阵地。最后一句话点明了全篇要说的哲理。

我的很多读者之所以很喜欢这篇文章，就是因为最后的这句话让他们的 GABA 舒服了，他们感到学到了真的知识。

5.4 多巴胺：给我的大脑"发糖"

多巴胺是人类大脑的奖赏回路，也是人类最终的"成瘾回路"。多巴胺激活的是阿片类受体（也就是吗啡类似物的受体），因此奖赏的感觉本质上就是一种成瘾的感觉。

多巴胺的存在，使得热恋中的人像是精神暂时失常。热恋会激活"多巴胺奖赏系统"，因此少年们失恋，就像成瘾后被拿走毒品时的戒断反应一样难受，走不出来。父母说道理、激励都没用。只有等熬过这段精神失常，回过神来才行。

我们看一个优秀的作品（不论是影视作品还是文学作品）也是一样，我们在看完之后还会觉得"意犹未尽"，甚至觉得不看很空虚。这就是多巴胺的"戒断反应"，是那种"失去"带来的难受。

那么，如何创造这种"失去爱情一般的难受"呢？其实很简单，要在情节上创造小的"闭环"。

也就是说，一开始不要埋太多的"坑"，或者布太大的局。让读者读一段就有一个小高潮，就有一个令人激动的情节，就明白一个道理。这样读者的大脑就会有一种高潮迭起的感觉，这就是多巴胺在起作用。

这个方法在脱口秀中，或者传统的相声中是最典型的。大家可以去参考脱口秀和传统相声。脱口秀或相声的最后会有一个大包袱，但是中间可以抖落一些小包袱。

比如陈佩斯和朱时茂曾经演过一个小品《吃面条》。两个人因为一碗面条互动了很多次，并且来回抢胡椒面等。这些连续"出击"的小的笑点，不断触动着大家的多巴胺。

当然，触动多巴胺也不一定需要笑点。"爽点"也可以。比如，《国家宝藏》有一期节目中朗诵了《如果没有李白》，全文如下。

如果没有李白，似乎没有什么太大的影响

不过千年前少了一个文学家，《全唐诗》会变薄一点点，但程度相当有限

如果没有李白，几乎所有唐代大诗人的地位都会提升一档

李商隐不用再叫小李，王昌龄会是唐代绝句首席，杜甫会
成为最伟大的诗人，没有之一

如果没有李白，我们应该会少背很多唐诗，少用很多成语
说童年，没有"青梅竹马"
说爱情，没有"刻骨铭心"
说享受，没有"天伦之乐"
说豪气，没有"一掷千金"
浮生若梦，扬眉吐气，仙风道骨，这些词都不存在
蚍蜉撼树，妙笔生花，惊天动地，也都不见了踪迹

如果没有李白，我们的生活应该会失去不少鼓励
犯了难，说不了"长风破浪会有时"
想辞职，说不了"我辈岂是蓬蒿人"
处逆境，说不了"天生我材必有用"
赔了钱，说不了"千金散尽还复来"
更不要说
"大鹏一日同风起，扶摇直上九万里"
"安能摧眉折腰事权贵，使我不得开心颜"

如果没有李白，我们熟知的神州大地也会模糊起来
我们不再知道黄河之水哪里来，庐山瀑布有多高
燕山雪花有多大，桃花潭水有多深，蜀道究竟有多难
白帝城、黄鹤楼、洞庭湖的名气都要略降一格
黄山、天台山、峨眉山的风景也会失色几许

如果没有李白，历朝历代的文豪词帝，也会少了很多名句

没有"举杯邀明月"，苏东坡未必会有"把酒问青天"

没有"请君试问东流水"，李后主不会让"一江春水向东流"

没有"事了拂衣去，深藏身与名"，金庸的武侠江湖，将会天缺一角《侠客行》

千百年来蜀人以李白为蜀产，陇西人以为陇西产，山东人以为山东产

一个李白，生时无所容入；死后千百年，慕而争者无数

是故，无处不是其生之地，无时不是其生之年

他是天上星，亦是地上英

亦是巴西人，亦是陇西人

亦是山东人，亦是会稽人

亦是浔阳人，亦是夜郎人

死之处亦荣，生之处亦荣

流之处亦荣，囚之处亦荣

不游、不囚、不流、不到之处

读其书，见其人，亦荣亦荣

幸甚至哉，我们的历史有一个李白

幸甚至哉，我们的心中有一个李白

你是谪仙人，你是明月魂

这首诗就处处都埋了爽点，它借用李白的诗句、李白的典故、李白的人生，在每一段都制造一个小的高潮。这样处理，就会让人感到酣畅淋漓。

所以多巴胺回路实际上是给大脑"发糖"。你在写文章的过程中，千万别忘了给大脑发糖，要每几段就抖一个包袱，并且提前规划一下把包袱抖在哪里，怎么抖。

你也可以用我们在第 3 章谈到的电影导演大卫·林奇的写作方法：平时把有趣的事情写在卡片上，到了写文章的时候，就把这些卡片拿出来排布，看看哪些可以当包袱使用。这样你就可以提前规划自己文章中的包袱。

5.5 亲情、友情、爱情：终极的神经元鸡尾酒

人类的大脑有很多神经递质是专门服务于感情的。最重要的一个就是"催产素"（oxytocin）。虽然这个激素听上去跟生孩子有关，但实际上男性和女性的大脑都有，不生孩子的人也会产生催产素。

它会帮助我们的大脑产生以下的行为：信任、注视、共情、正向关系的记忆、忠诚、正向的沟通、处理"结合"的信息。

这些信号，不仅在爱情中是普遍存在的，在亲情和友情中也是普遍存在的。我们在写故事的过程中也是需要夹杂这样的感情的。

没有感情的故事，是没有代入感的，不会让人惊心动魄，也不会让人流泪。那么如何让人产生代入感，能够理解你笔下的感情呢？

我总结了以下几个步骤：刻画人的言行举止，人的典型事迹，人的最真实的牺牲，人的最真实的渴望，你对这个人的情感。请看图 5-4。

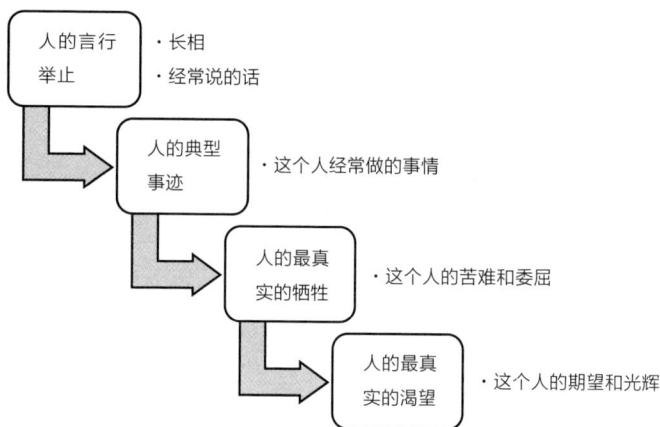

图 5-4　激发人内心情感的写作步骤

这个步骤是最容易激发人内心的情感的，因为人的长相、话语、事迹和真实的牺牲与渴望，就是组成人情感的基本元素。

下面这段话来自朱自清的《背影》，里面就含有这四个元素。

我说道："爸爸，你走吧。"他往车外看了看说："我买几个橘子去。你就在此地，不要走动。"【语言】我看那边月台的栅栏外有几个卖东西的等着顾客。走到那边月台，须穿过铁道，须跳下去又爬上去。父亲是一个胖子，走过去自然要费事些。我本来要去的，他不肯，只好让他去。我看见他戴着黑布小帽，穿着黑布大马褂，深青布棉袍，蹒跚地走到铁道边，慢慢探身下去，尚不大难。可是他穿过铁道，要爬上那边月台，就不容易了。他用两手攀着上面，两脚再向上缩；他肥胖的身子向左微倾，显出努力的样子。这时我看见他的背影，我的泪很快地流下来了【长相神态】。我赶紧拭干了泪。怕他看见，也怕别人看见。我再向外看时，他已抱了朱红的橘子往回走了。过铁道时，他先将橘子散放在地上，自己慢慢爬下，再抱起橘子走。到这边时，我赶紧去搀他。他和我走到车上，将橘子一股脑儿放在我的皮大衣上。于是扑扑衣上的泥土，心里很轻松似的。过一会儿说："我走了，到那边来信！"我望着他走出去。他走了几步，回头看见我，说："进去吧，里边没人。"等他的背影混入来来往往的人里，再找不着了，我便进来坐下，我的眼泪又来了。

近几年来，父亲和我都是东奔西走，家中光景是一日不如一日。他少年出外谋生，独力支持，做了许多大事。哪知老境却如此颓唐！他触目伤怀，自然情不能自已【真实的牺牲】。情郁于中，自然要发之于外；家庭琐屑便往往触他之怒。他待我渐渐不同往日。但最近两年不见，他终于忘却我的不好，只是惦记着我，惦记着我的儿子。我北来后，他写了一信给我，信中说道："我身体平安，惟膀子疼痛厉害，举箸提笔，诸多不便，大约大去之期不远矣。"【真实的渴望】

朱自清这篇《背影》曾经引得无数人动容，其实就是掌握了这个"公式"。父亲的话语、长相、背影后，是父亲真实的牺牲（为家庭劳碌）和真实的渴望（在去世之前再见到儿子）。这样，感情的描写就饱满了，就能引出别人的深刻共鸣。

希望你也可以带着这样的笔触去思考。

本章总结

在本章，我们分析了大脑对于情节的反应所需要的几个重要模块。

1. 肾上腺素：让人支棱起来
2. 镜像神经元：代入感的制造
3. GABA：故事的哲理与高潮
4. 多巴胺：剧情的爽点
5. 催产素：终极感情鸡尾酒

在每一个模块中，我们都教给了大家打造理想段落的方法。但是，明白这些方法，仅仅是开始。我们需要不停地用这些模块练习，才能打造出读者喜欢看、想继续追的故事。

06

平滑得像黄油一样：
连贯与流畅的秘诀

在前几章，我们讲述了很多写故事的技巧。也就是，什么样的故事能让大脑"嗨"起来。而这一章，我们要从故事的技巧，转回到"文字的技巧"。为什么要转回到文字的技巧呢？因为，只有文字流畅了，才能驾驭好跌宕起伏的剧情。

如果你的文字不够流畅，不够平滑，那么所有的跌宕起伏就显得不那么自然，读起来的感受就像是坐在一辆特别颠的拖拉机上，感觉上蹿下跳。

举个例子，你们看过那种"咆哮体"或者"标题党"的自媒体文章吗？用一堆惊叹号，来带出一个耸人听闻的故事。

当然，这样的故事，"鸡血"和"肾上腺素"给的够足，但是文字掌控力不够，就会给人一种"地摊文学"的感觉。摆脱地摊文学的定位，就需要你有足够强的文字能力。

有的读者就要问了："那你说如何驾驭跌宕起伏的剧情呢？"那就要靠"平滑"和"连贯"。任何东西，只要平滑，就有大师的感觉。老外有一句话，叫"平滑得像黄油一样"，就是形容大师弹奏乐器或者驾驶、写文章，就像用刀切开热的黄油一样，没有很强的"一刀切在石头上"的颠扑感。

那么，如何像黄油一样平滑呢？在这一章，我们就来讲讲"酣畅淋漓"的技巧。

6.1 ✒ 大脑处理句法的习惯：弧形结构

大脑喜欢什么样的文字呢？弧形结构的，或者说"闭环的"。也就是说，我们写的每一件事情，凡是开头，必有结尾。就像前文说的，如果没有"结尾"，你大脑里的 GABA 就不会舒服。

那么，如何让你大脑里的 GABA 得到极致的舒服呢？这就需要完全的弧形结构，如图 6-1 所示。

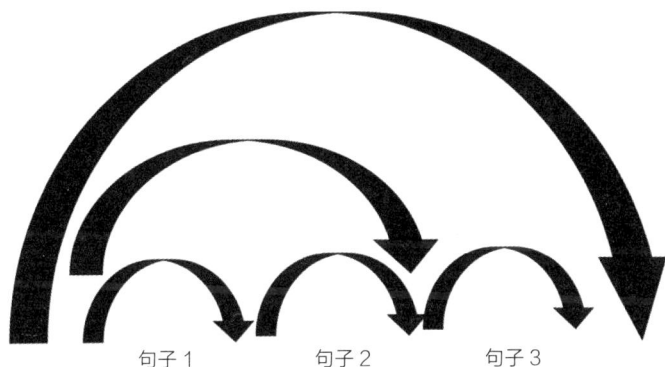

句子 1   句子 2   句子 3

图 6-1　弧形结构的示意图

简单地说，就是每一句话都要前后呼应，句子之间也要呼应，整个段落也要呼应。所有的"因"，都要有"果"；所有的"开头"，都要有"结尾"；所有的段落，都要有呼应。

这就是最令人舒服的弧形结构。在学校里，老师是非常希望教会孩子这种"前后呼应"的弧形结构的，所以老师会发明很多方法，比如让孩子们学习关联词、连词，或者"首先""其次""再者"这样的顺序词。

所以，很多孩子学会了弧形结构的"形"，那就是多用关联词，多用连词，多用"第一""第二""第三"这样的顺序词。

但是，学会"形"，不等于学会了"神"：流畅的本质，不是让你用多少关联词或者连词。关联词和连词其实像是"胶水"一样：能够黏合起来，但是会让文章失去一些浑然天成的感觉。

就像我们做手工，水平很高的人是不用胶水的，或者极少用胶水。他们会用奇思妙想和各种精巧的结构，使得作品显得浑然天成。同样，能够掌握弧形结构的大师，是很少用关联词的。关联词太多会给人一种"胶水感"：就像是小学生做手工，用胶水强行把一切粘在一起。

那么，如何做到浑然天成般的连贯呢？我们先看一个弧形结构的范例。这段文字来自朱自清的名篇《荷塘月色》。

曲曲折折的荷塘上面，弥望的是田田的叶子【1】。叶子出水很高，像亭亭的舞女的裙【2】。层层的叶子中间，零星地点缀着些白花，有袅娜开着的，有羞涩地打着朵儿的；正如一粒粒的明珠，又如碧天里的星星，又如刚出浴的美人【3】。微风过处，送来缕缕清香，仿佛远处高楼上渺茫的歌声似的【4】。这时候叶子与花也有一丝的颤动，像闪电般，霎时传过荷塘的那边去了【5】。叶子本是肩并肩密密地挨着，这便宛然有了一道凝碧的波痕【6】。叶子底下是脉脉的流水，遮住了，不能见一些颜色；而叶子却更见风致了【7】。

月光如流水一般，静静地泻在这一片叶子和花上【8】。薄薄的青雾浮起在荷塘里【9】。叶子和花仿佛在牛乳中洗过一样；又像笼着轻纱的梦【10】。虽然是满月，天上却有一层淡淡的云，所以不能朗照；但我以为这恰是到了好处——酣眠固不可少，小睡也别有风味的。月光是隔了树照过来的，高处丛生的灌木，落下参差的斑驳的黑影，峭楞楞如鬼一般；弯弯的杨柳的稀疏的倩影，却又像是画在荷叶上【11】。塘中的月色并不均匀；但光与影有着和谐的旋律，如梵婀玲上奏着的名曲【12】。

这篇文章的主题是"荷塘月色"，所以朱自清的这两段文字只有四个主角：荷叶、荷花、月亮、荷塘（流水）。

我们来看看这篇文章中的句子的弧形结构。

【1】【2】叶子 →【3】从叶子过渡到花 →【4】花的香味 →【5】叶子与花的互动 →【6】说回叶子 →【7】叶子与流水 →【8】由流水说到月光、叶子和花 →【9】荷塘 →【10】叶子与花在月光中的样子 →【11】月光下的荷塘与荷叶 →【12】月光下的荷塘的光影

大家看，所有的句子，都浑然天成地连在一起，没有用到任何像胶水一样的关联词。

我觉得最绝妙的转换，就是这两个段落之间的衔接，就是句子【7】到句子【8】。也就是下一段的主角"月光"的喻体，是上一段的最后一个主角"流水"。

上一段写流水，下一段说"月光如流水"。用一个比喻句就衔接起来了。然后说"静静地泻在这一片叶子和花上"，把月光又轻

轻引向了荷花和荷叶，呼应了主题"荷塘月色"。

朱自清用本体和喻体衔接了两个段落。也就是说，下一段的主角，是上一段的主角的本体；上一段的主角，是下一段的主角的喻体。如此一个小小的比喻，衔接了文章的很多元素，堪称"妙手"。

当然，我们不是每个人都有朱自清的文字功力。那么我们可以怎么做呢？这里我教给你一个小技巧：用上一句的宾语当下一句的主语。我给大家举个例子。

我在路上看见了一个小女孩，她穿着一件黄色的雨衣，雨衣上面印着白色的雏菊。雏菊就像这个小女孩一样，美丽又清新。

在这段文字中，每一个分句的宾语，都是下一分句的主语。

这就是你大脑里的 GABA 喜欢的弧形结构带来的流畅感。下面我们就针对这个弧形结构的衔接，好好解析和训练一番。

6.2 弧形结构实战：从句子到段落，从小弧形到大弧形

如前所述，弧形结构给大脑带来的爽感是连词、关联词、顺序词等不能相比的，它有两个技巧，即"本体喻体转换"和"主语宾语转换"。那么，应该如何运用弧形结构的技巧呢？

我在写作的过程中，把弧形结构的技巧用一个词总结了出来，那就是：击鼓传花。

这个技巧的特例我们在上面说过了。当你的句子的主语和宾语都是名词的时候，就可以玩这种"击鼓传花"的游戏，把宾语当成"花"传下去。

这种击鼓传花不仅仅适用于从宾语变为主语，其实无论是状语、定语还是补语，其中的名词都可以变为主语。

这种技巧非常适合场景的描写。我们在第 2 章讲过用皮亚杰建构来写场景白描。我们还说过，这样的技巧，学龄前的孩子就可以开始进行训练。在第 2 章里我们提到，当你的孩子在写一个主题时一句话都憋不出来的时候，就可以把这个主题下的名词都先写下来。下面就是一些例子。

- "公园"的联想词：秋千、花坛、喷泉、长廊、长凳子、草坪和滑梯等。
- "海滩"的联想词：沙滩、海浪、海螺、沙堡、阳伞、游泳圈和冰激淋等。
- "沙漠"的联想词：骆驼、沙漠狐、蝎子、沙尘暴和仙人掌等。

我们现在要做的就是练习击鼓传花：上一句的宾语或其他句子成分是下一句的主语，把它们串在一起。先拿"公园"这组名词举例。

一进公园的门，就看到一个雄伟壮观的大喷泉。喷泉喷出来的水折射出日光的五光十色，与五彩缤纷的花坛交相辉映。花坛边上的长廊是欣赏这个景色的绝佳之处。坐在长廊的长凳子上，还可以眺望到后面的草坪和滑梯。滑梯的乐趣也许只有稚童才能领略，但秋千就是老少咸宜了。

大家可以看到，这个段落中就是严格的击鼓传花，把写作的镜头从一个事物，一个个地移动到其他的事物。我建议你朗读上面这个段落，你会发现，虽然这个段落几乎没有连词和关联词，但是还是比较流畅的。

我们再举一个例子，来写上面的"海滩"的例子。

海浪轻轻抚摸着沙滩，就像是哄孩子睡觉，一下下地那么规律。孩子们在这节奏下却没有一点儿困意：他们在搭着一个沙堡。

在这个击鼓传花的练习中，我们应用了朱自清在《荷塘月色》中的技巧：本体喻体的转换。上一个比喻句中的喻体，是下一句的本体。具体来说，上一句中把沙滩比作一个被哄睡的孩子，下一句就以"孩子"开头，然后把"写作镜头"转向沙堡。

这个小段落也没有任何连词或者关联词，但是也显得比较流畅。由此可见，击鼓传花这个技巧是可以广泛用在任何名词上的。

6.3 流畅的高阶技巧：音乐感

当然，击鼓传花只是把文章写连贯的入门技巧之一。实际上，还有很多其他的把文章写得流畅的技巧，其中最重要的就是"音乐感"。

我们在第 1 章就提到了，中文是最依赖韵律的语言。从语言学角度来说，中文是一种声调语言。每个字可以通过语调的变化改变意思。我们也谈到，这样的语言结构，就产生了一个问题：音乐里的音符也是频率的变化，而中文的意思也靠频率变化，那么在我们唱歌的时候，语言的声调叠加在了音符上，要怎么分辨歌词呢？

简单来说，我们靠格律上的"平仄"。流传下来的很多唐诗、宋词和元曲，本来就是歌词。这些歌词平仄不同，我们能将声调高（平声）的字正好对在曲子的高音上，而把声调低（仄声）的字正好对在曲子的低音上。

所以，特殊的声调语言带来了特殊的歌曲填词问题。但这个问题的解决方式（平仄的运用）又给中文带来了特殊的韵律。

因此，我们中国人，只要听过歌谣，背过诗词，就算不知道平仄的知识，也会对平仄非常敏感。如果一段话的内在韵律符合我们的平仄，我们就会觉得非常流畅，否则就会觉得读不通顺（即便语法都是通顺的）。

因此，掌握语言的内在韵律更是语言流畅的关键。在这一节，我们就专门讲述语言的"音乐感"，以及如何把韵律放入写作。

6.3.1 诗词歌赋里的音乐感

汉语的声调经过了数千年的演变，因此古代汉语的平仄与现代汉语（或者各种地方的方言）的平仄已经大相径庭了。受篇幅所限，我们这里只讲现代汉语中普通话的平仄。

在普通话中，一声和二声都是平声（一声叫阴平，二声叫阳平），三声和四声都是仄声（三声叫上声，四声叫去声）。具体请看表 6-1。

表 6-1 现代汉语普通话平仄示意（引自王力的《诗词格律》）

声调位置	字例	拼音	平仄
阴平声	妈	mā（第一声）	平
阳平声	麻	má（第二声）	平
上声	马	mǎ（第三声）	仄
去声	骂	mà（第四声）	仄

那么中文是怎么通过平仄实现音乐感的呢？很简单，那就是在同一个句子中，平仄是交替出现的，而在对句中平仄是对立的。

我们举个例子，比如毛主席写的《七律·长征》中，有这样两句："金沙水拍云崖暖，大渡桥横铁索寒。"

这两句的平仄就是：平平 | 仄仄 | 平平 | 仄，仄仄 | 平平 | 仄仄 | 平。这样的分割就是每两个字一个节奏。

第一句，"平平"后面跟着的是"仄仄"，"仄仄"后面跟着的是"平平"，最后一个又是"仄"。第二句，"仄仄"后面跟着的是"平平"，"平平"后面跟着的是"仄仄"，最后一个又是"平"。这就是交替。

就对句来说，"金沙"对"大渡"，是"平平"对"仄仄"；"水拍"对"桥横"，是"仄仄"对"平平"；"云崖"对"铁索"，是"平平"对"仄仄"；"暖"对"寒"，是"仄"对"平"。这就是对立。

这就是诗词歌赋的基本格律，用平仄来划分节奏。

我们再来看一个例子。比如王维的"大漠孤烟直，长河落日圆"，这里的平仄就是：仄仄 | 平平平，平平 | 仄仄仄。也就是在句子之内，切换了一下平仄："大漠"是一个节拍，"孤烟直"是另一个节拍；"长河"是一个节拍，"落日圆"是另一个节拍。此外，"大漠"对"长河"，"孤烟直"对"落日圆"，对句之间的平仄是对立的。

我们还可以举无数的古诗和现代诗为例子。这样的练习，你可以自己去做，或者学习语言大师王力先生所著的《诗词格律》（我小时候家中有一本，受益匪浅）。我们在这里就不举更多的例子，或者赘述更多绝句、律诗或者词牌在格律上的区别了。

因为我们的主题是如何写文章，所以我们要关注的关键是，这种音乐感（就是格律）到底有没有被带到现代文章的写作中？答案是肯定的。

酣畅淋漓的现代文都是非常注重格律的。其中，王小波的文章就是一个很好的例子。他的文章有很流畅的感觉，就是因为尾音的格律非常工整。比如下面这段《爱你就像爱生命》中的文字。

你知道我在世界上最珍视的东西吗？那就是我自己的性格，也就是我自己思想的自由。在这个问题上，我都放下刀枪了——也就是说，任你的改造和影响。

"性格""自由""刀枪"这三个词都以平声结束，而且最后一个词"影响"又跟"刀枪"押韵。这就是为什么王小波的文章读起来朗朗上口。

6.3.2　如何把音乐感迁移到文章中

我们虽然很难如王小波一样成为文章酣畅淋漓的大师，但是可以通过简单的游戏和方法，把一些音乐感迁移到文章中。

如何做呢？就是尽量对段落里每个句子结尾的一个词进行打磨，使得它们具有相似或者对应的平仄结构。

我们来看看上面我们写的一些段落。

首先，我们来看看第 2 章中，我写的关于"长城"的一段文字。

绵延万里的长城，蜿蜒在层峦叠嶂的山峰之上，也蛰伏于郁郁葱葱的山谷。冷兵器时代，长城是一个人工屏障，也是一座信号台。匈奴来袭，狼烟便四起。

因此，长城传输的是战时最宝贵的东西：信息与情报。所谓"烽火连三月，家书抵万金"，古代战争最宝贵的就是信息，哪怕它在现代人看来只有几个比特。

这段话是我们用皮亚杰建构方法写的，每一个句子的末尾是没有平仄或者押韵的讲究的。

下面来修改一下这段文字。

长城之上，层峦叠嶂；长城之下，天险悬崖。绵延万里，收集最宝贵的信息：匈奴来袭，狼烟便四起。

加点的字就是格律和韵律非常工整的地方。可以看到，这段就比上一段显得流畅多了。这就是把音乐性用在了写作上面。

这种音乐性的运用，并不是一朝一夕就能学会的，需要不停地读诗歌，读优秀散文，扩大词汇量。

尽量把你积累的优秀的词语，按平仄进行分类。对于每一个词，可以想想与之平仄相对的同义词。这样当你需要用平仄对应的时候，就可以进行"同义词替换"，把平仄不合适的词替换掉。

当然，这还有一个偷懒的方法：**买一本同反义词词典**。当你把文章都写完了，要修改的时候，可以看看每句的句尾，如果你发现这个词格律不工整，就用同反义词词典来查它的同义词，替换一下。这是我多年使用的小窍门，你也可以试试。对于修改文章来说，非常有用。

6.3.3 韵律就是原因：大脑对韵律的热爱

rhyme as reason（韵律就是原因）是脑科学发现的一种认知偏差现象[44][45]。这个现象基于阅读声音回路的影响。我们在第 1 章已经阐述了这个观点，下面帮大家回顾一下。

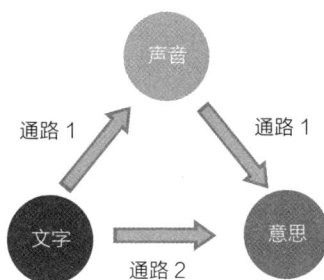

图 6-2　阅读的两个通路

如图 6-2 所示，阅读是有两个通路的。通路 1 是先从文字到声音，再从声音到意思。这个通路称为朗读通路（或声音通路），非常原始，是我们幼年时期学习的第一种阅读方法。

绝大多数人是学会了朗读通路，才进入默读通路，也就是走下面这条路（通路 2），直接从文字到意思。但是，默读通路由于是后学的，所以远没有原始的朗读通路"顽强"。

比如，当你比较疲劳的时候，或者想认真读书的时候，脑海里是不是仍旧会响起声音呢？这就是大脑里原始的朗读通路在工作。

我们在第 1 章也阐述了大脑喜欢押韵也是来自系统 1 的强大作用，现在也帮大家回顾一下。

由于大脑的系统1太懒了，所以我们会倾向于认为，押韵的东西就是很有道理。因此，很多广告词就非常注重押韵。我给大家举几个例子。

白里透红，与众不同。

中国电视报，生活真需要。

恒源祥，羊羊羊。

维维豆奶，欢乐开怀。

人头马一开，好事自然来。

大家是不是都觉得"哇，好有道理，好洗脑哦"？这就是我们的大脑喜欢的文字，说服力自然也就很强。很多俗语也是押韵的，比如"人不可貌相，海水不可斗量""一寸光阴一寸金，寸金难买寸光阴"。越押韵，你越觉得有道理。

押韵的东西是有魔力的，很难让人反驳，因为它直接"攻击"了我们阅读的朗读通路。

回顾完这两段，大家应该明白"韵律就是原因"的基本原理了。但是仅仅理解这个还不够，我们还需要更系统的训练，使得我们自己也能随便就押上韵。

那么如何练习呢？给大家推荐一个游戏，叫作"韵脚与话题对应"。

中文的韵脚与韵母息息相关，那么韵母都有哪些呢？主要是以下这些。

[a], [o], [e], [i], [u], [ü], [ai], [ei], [ui], [ao], [ou], [iu], [ie], [üe], [er], [an], [en], [in], [un], [ün], [ang], [eng], [ing], [ong]

我们把韵母与声母对应（可以从字典里查找到所有的韵脚）。比如，[ai] 这个韵母组成的音节和相应的韵脚就放在下面的文本框里。

---

ai：爱，哀，碍，埃

bai：白，百，败，柏，拜，摆

cai：才，菜，采，材，裁，猜，踩，睬，彩

chai：差，柴，拆，钗

dai：带，呆，代

gai：改，该，丐，概，盖

hai：还，害，海，骸，孩

kai：开，铠

lai：来，赖，睐

mai：买，卖，埋，麦，脉，霾，迈

nai：乃，奶，耐，奈

pai：派，排，拍，牌，徘，湃

sai：腮，赛

shai：晒，筛

tai：台，太，汰，胎，苔

wai：外，歪

zai：再，在，灾，载，栽，宰，仔，哉

zhai：摘，窄，债，斋，宅

然后选择一个主题，比如还是"公园"，来找韵脚的音节中包含韵母 [ai] 且与"公园"这个主题相关的词语。

露台、门牌、色彩、古宅、狭窄、青苔、徘徊、墙外、盆栽……

实际上，诗歌《游园不值》就是押在了韵母 [ai] 上。

应怜屐齿印苍苔，小扣柴扉久不开。

春色满园关不住，一枝红杏出墙来。

我们可以把跟"公园"相关的词语和诗歌都整理一下，也可以用这种游戏去尝试整理一下其他韵脚和其他话题的相关词语。

我们再举一个例子。[ao] 这个韵母可以组成以下这些音节，相应的韵脚也如下所示。

ao：袄，凹，傲，奥，熬，懊，翱

bao：包，保，报，宝，抱，暴，苞，褓，剥，雹，褒，堡，爆

cao：草，操，曹

chao：朝，抄，超，吵，巢，潮，炒，嘲，

dao：到，道，倒，刀，岛，盗，稻，悼，导，蹈，祷，捣

gao：高，搞，告，稿，膏，篙，羔，糕

hao：好，号，豪，毫，嚎

kao：靠，考，烤，拷

lao：老，捞，牢，劳

mao：毛，冒，帽，猫，貌，矛，锚

nao：闹，脑，恼，瑙

pao：跑，抛，炮，泡，袍

rao：饶，绕，扰，娆

sao：扫，嫂，骚

shao：少，烧，梢，勺

tao：套，掏，逃，桃，讨，淘，涛，滔，陶，萄

yao：要，摇，药，咬，眺，妖，邀，窑，谣，遥，瑶，腰，耀

zao：早，造，灶，凿，遭，澡，藻，蚤，枣

zhao：着，找，照，招，朝，爪，兆，赵

我们可以选一个话题，比如"晚餐"，来想想跟晚餐有关的词语里，有多少是押 [ao] 这个韵母的。

小笼包、水果捞、珍馐佳肴、开小灶、鸡爪、小火慢熬、烧烤、桂花糕、汉堡……

所以，这就是一个把韵母和词语结合起来的练习，比第 2 章的皮亚杰建构更难一点。在第 2 章，我们讲到，当你想写一个话题的时候，就先想跟这个话题相关的名词，然后一步步建构；在这里，我们把皮亚杰建构的第一步，即找相关名词，弄得稍微难了那么一点点：找相关名词，并押韵。

但是只要你找出来了（如上面的两个例子所示），后面的步骤就简单了：按照第 2 章的皮亚杰建构方法把这些名词串起来，把押韵的那些名词放在每个句子的末尾。

这样写出来的段落，就会有王小波的文章那样的效果。

本章总结

在本章，我们讲了让文章连贯、顺滑的三个绝招：弧形结构、平仄和韵律。它们的理论基础分别来自 GABA、语言的音乐性和"韵律就是原因"。

同时，我们也给大家提供了两个重要练习：击鼓传花，韵脚与话题对应。

希望大家能够掌握这些高阶技巧，把段落写得更流畅，尽量少使用胶水一般的连词和关联词等。

07

力透纸背的雄辩：
构建说服力

恭喜你读完了本书的绝大多数内容，还有两章我们就要"完结撒花"了。可能很多读者会提出抗议："你还没有说议论文呢！"

的确，这是我们目前的环节和系统中一个还未填的"坑"。在填坑之前，我们先来回顾一下，在前六章中我们已经填过的"坑"。

首先，我们讲了为什么写作与脑科学相关。因为脑科学积累了大量的数据，研究人类阅读和听故事的规律，如果我们对这些规律进行反向操作，就可以"黑客"人类大脑，来写出人脑喜欢的文章了。

第 2 章，我们讲了如何在这些规律下迅速构建一个段落。很多人写作的大问题不是"写不好"，而是"写不出来"。盯着纸笔或者屏幕干瞪眼，两个小时写不出来一个字。为了解决"写不出来"的问题，在第 2 章我们延展了皮亚杰建构，告诉了大家迅速写出一个段落的几个实用步骤。

到第 3 章，我们开始讲解"宏观故事构建"的技巧。宏观写作与微观写作，可以拆分成两门课程。简单来说，宏观写作解决的问题是"讲哪些故事"与"如何讲故事"，而微观写作解决的问题是"我已经有一个故事了，也知道怎么讲它才精彩，那么我如何精致地修饰自己的语言"。

如果以做产品的思路来说，宏观写作就是产品设计层面的知识，而微观写作就是执行设计和生产层面的事情。

很可惜的是，在大多数写作课程中，宏观写作是被忽略的。语文老师们用了大量的时间告诉你应该怎么把一篇文章"精雕细琢"好，殊不知绝大多数孩子卡在了第一步：他们根本不知道自己的产品是什么。这就好比，语文老师教了你很多焊接、铸造、油漆或缝纫的"高大上"工艺，但是 80% 的孩子们根本不知道自己要做什么东西。

因此，从第 3 章开始，我着重解决宏观写作的问题：一个符合人脑喜好的故事，应该是什么样子的。架构这样的故事也许不足以让你写出一篇精彩绝伦的文章，但是足够你写出一个故事大纲了。

到了第 4 章，我们偏离了一点方向，转向了微观写作。并不是因为我们完成了宏观写作的论述，而是因为"可读性"是一个非常重要的"产品标尺"。它是衡量一篇文章是真的好还是在"拽文"的测量工具。因此我们插入了这一主题，把这个测量工具放进"产品设计"的环节中，使得大家知道，可读性与文学性是需要兼顾的。

然后在第 4 章的后半部分，我教给了大家一些简单的宏观构建修辞的方法。也就是说，我们把宏观写作的技巧用在了修辞上：不讨论如何凝练一个比喻句，而是讨论如何想出来一个比喻句；不讨论如何写出一个拟人句，而是讨论如何想出来一个拟人的情节；也不讨论如何使得排比句恢弘，而是讨论排比是怎么琢磨出来的。所以，你可以认为第 4 章的后半部分是讲"修辞是怎么想出来的"。

到了第 5 章，我们彻底返回到了宏观故事构建的核心。第 5 章也是本书的精髓所在，我们讲了五个根据脑科学写作的原理，分别是：肾上腺素需要紧张气氛，多巴胺需要奖赏回路，镜像神经元需要代入感，GABA 需要解谜和哲理，催产素需要亲情、友情和爱情。

对于每一个脑科学写作原理，我们都深入地进行了阐述和分析，并且给大家指出了构建故事和训练写作的步骤与方法。

到了第 6 章，我们开始讲故事构建的最后一步：宏观与微观的接口，即承接问题。按照本书的方法，你的故事是按模块写的（不论是第 2 章的皮亚杰构建，还是第 5 章的五大脑科学写作原理），而模块之间必须"焊接"好，这样你的文章才能流畅。

有很多教写作的文章，简单直白地告诉孩子们要使用连词和关联词等。这些方法对于新手来说是友好的，但是难免产生很强烈的"胶水太多了"的人工黏合感。因此我们在第 6 章着重介绍了"浑然天成"的感觉是怎么产生的，并给出了训练方法：击鼓传花，韵脚与话题对应。

你可以认为，第 6 章就是在教文章的"榫卯结构"，有了这样的对文章构筑的理解，你就不需要大量地使用"胶水"了。

以上就是我们前六章所填的"坑"。可以说这些知识虽然大多数情况下可以用在所有的文学体裁里，但是主要还是直接应用于记叙文和说明文，也就是主要应用于记述故事和描写事物的文章。我们还没有触及一个更深刻的文体：议论文，即阐明自己观点，论证自己观点，给出证据，并且驳斥反方观点的文章。

如何把议论文写得有理有据，让人信服呢？另外，我们讲过，人类的大脑是慵懒的，如何让慵懒的大脑有动力看完你的叙述，并且梳理清楚你的观点呢？在议论文的叙述中，有很多观点的逻辑并不是那么一眼可见，甚至需要反人类的直觉，我们该如何举例论证呢？在这一章，我们就来回答这些问题。

7.1 积累论点和论据的秘诀在于积累写作的"乐高块"

我们不得不承认的一点是，议论文不是那么好写的。它的要求比记叙文更高一些：记叙文只需要你有故事，议论文需要你有观点；记叙文只需要你有经历，议论文需要你有大脑。

没有自己独特的视角，为了支持而支持，或者为了反对而反对，都不是议论文的精神。议论文的精神就是要"言之有物"。

那么如何做到"言之有物"呢？重点在于积累。"读书破万卷，下笔有如神"就是针对议论文最深切的评论：你不读书，不思考，就没有观点，没有观点就真的没法写。这不像记叙文，你不论有没有深度，有没有思考，你肯定有点儿故事。每个人都有故事，但是并不是每个人都有自己的观点。

因此，为了写好议论文，你必须加大阅读量。但是有人会说，我阅读量很大，还是写不好，是为什么呢？因为你没能留住这些故事和观点，而是让它们从你的指缝间溜走了。要写好议论文，你必须把自己看到的一些观点记录下来。

这就是很多人所提倡的"卡片笔记写作法"，或者"乐高笔记写作法"。简单来说，就是你每读到一个故事，或者一个重要的思想，就把它记录下来。这些小的片段，就是你写作的"乐高块"。你可以把这些"乐高块"放在一个线上笔记系统，或者一个文件夹里面，只要自己能够搜索到就可以。

我写过很多条微博，大多是自己平时看书所得的。这些论点或论据，就是后续我写文章的"乐高块"。下面我给大家展示几个"乐高块"。

> 1812 年，在英吉利海峡边上的莱姆里杰斯，有个小女孩叫玛丽·安宁（Mary Anning），她在 11 岁（也有书说是 12 岁或 13 岁）的时候，在海边的悬崖上发现了一个大的化石。
>
> 后来，她又一个个地发掘了很多大的化石。那时候人类还没有发现恐龙化石。
>
> 她发掘的第一个大化石，后来被命名为"鱼龙化石"。她几乎没有工具，发掘条件很差，但是技艺精湛，不仅发掘了很多化石，还能把古生物的图像复原出来。
>
> 她还发现了蛇颈龙化石。很多时候，她把这些化石和复原图，卖给贵族的科学家。
>
> 伦敦自然博物馆古代海洋爬行类展馆里至今还有很多玛丽·安宁发掘和整理的化石。只不过她一生贫困，也一直被古生物学的历史所遗忘。

只是有一个英国流行的绕口令（相信很多人知道这个绕口令）还流传着她卖化石的故事。这个绕口令是：She sells seashells by the seashore（她在海岸边卖贝壳）。

我那天看书上说，人脑有个认知偏见叫拉拉队效应。

就是说，我们的大脑会觉得在一个团体（纯男性，纯女性，或男女混合都可）里的人，比落单的人更有性吸引力（针对同一个人来说）。

所以，如果有朋友找对象实在困难，也许可以先成团试试。

科学史上也有洪福齐天的人啊。有两个人，叫阿诺·彭齐亚斯（Arno Penzias）和罗伯特·威尔逊（Robert Wilson）。他俩在 1964 年的时候，在新泽西的贝尔实验室，发现贝尔实验室的大天线里面有一种奇怪的噪声。

他俩花了很长很长的时间，把天线的每一个零件都拆下来，用很小的刷子轻轻刷去粉尘，又重新装上，如此反复了很多遍。

不论怎么搞，怎么努力，那个噪声依然在。

与此同时，普林斯顿大学有一个教授，叫罗伯特·狄克（Robert Dicke），正在寻找一种"宇宙背景辐射"，因为这个是宇宙大爆炸的证据。

而早在 1940 年，苏联出生的物理学家乔治·伽莫夫（George Gamow）就写了一篇论文，说宇宙大爆炸的射线，经历很长的路程到了地球，应该变成了微波的形式。他还明确写道："贝尔实验室的大电线，可能能捕捉到这种微波。"

可是，贝尔实验室的那两个人（彭齐亚斯和威尔逊），以及普林斯顿大学的狄克竟然都没有读过这篇论文。

又继续"胡搞"了一阵，贝尔实验室的那两个人实在受不了了，觉得普林斯顿大学离这里最近（只有 50 公里），不如给普林斯顿大学打个电话问问怎么去掉噪声。

结果，电话就转到了狄克那里，狄克马上意识到，这就是他要找的证据。

然后，《天体物理学杂志》上就发表了两篇论文：一篇是彭齐亚斯和威尔逊写的，说了这个现象；另一篇是狄克写的，解释称这是宇宙大爆炸的证据。

彭齐亚斯和威尔逊根本不知道这件事的重大意义，直到《纽约时报》报道了这件事。

高潮来了，即便他俩根本不知道这件事的意义，但因为发现宇宙背景射线太有意义了，所以他俩还是得了 1978 年的诺贝尔物理学奖。而且，因为诺贝尔奖是谁发现给谁，而且谁活着给谁，所以普林斯顿大学的一群人和伽莫夫都没得。

这是什么运气啊？就在实验室里搞天线，去噪声，打了个电话求助，就能得诺贝尔奖。我当年干了多少次这样的事儿，经常连个论文都没得发。

以上这些小故事都是我平时积攒的。大家可以把这样的故事放进你的笔记里，从每个例子里总结一两个论点。

比如，第一个故事的论点是"女性对于考古学的贡献"，第二个故事的论点是"成团有利于脱单"，第三个故事的论点是"有人洪福齐天，竟然靠撞大运拿了诺贝尔奖"。

这些"乐高块"在以后论证的过程中就有很大的作用。记住，一个议论文写得好的人，不可能是从零开始的。这些人手里都有一些"乐高块"（也就是论据）。

那么，这些"乐高块"应该长什么样子呢？简单地说，要排除一切模糊性。我们将在下一节详细叙述。

7.2 时间、地点和人物：摒除一切模糊性

我不知道大家是否注意到了，我上面的几个"乐高块"有一个共通之处，那就是"都有精确的时间、地点和人物"或者关键的"精准信息概念"。

第一个"乐高块"的时间、地点和人物在第一句话，即"1812 年，在英吉利海峡边上的莱姆里杰斯，有个小女孩叫玛丽·安宁（Mary Anning），她在 11 岁（也有书说是 12 岁或 13 岁）的时候，在海边的悬崖上发现了一个大的化石"。

第二个"乐高块"的重点是一个概念，即"人脑有个认知偏见叫拉拉队效应"。

第三个"乐高块"的时间、地点和人物非常多，如下所示。

- 阿诺·彭齐亚斯（Arno Penzias）和罗伯特·威尔逊（Robert Wilson）。他俩在 1964 年的时候，在新泽西的贝尔实验室，发现贝尔实验室的大天线里面有一种奇怪的噪声
- 与此同时，普林斯顿大学有一个教授，叫罗伯特·狄克（Robert Dicke），正在寻找一种"宇宙背景辐射"
- 早在 1940 年，苏联出生的物理学家乔治·伽莫夫（George Gamow）就写了一篇论文
- 《天体物理学杂志》上就发表了两篇论文：一篇是彭齐亚斯和威尔逊写的，说了这个现象；另一篇是狄克写的，解释称这是宇宙大爆炸的证据

下面我再给大家看两个"乐高块"，都是我根据从 NPR（National Public Radio，美国国家公共电台）的电台听到的故事总结下来的。

今天从 NPR 听了一段，特别有意思（在 The Indicator 这个播客里面）。

说有个经济学家，叫克劳迪娅·萨姆（Claudia Sahm）。她发明了一个法则，用来预测经济衰退。萨姆以前是在 FED 工作的，FED 就是美国联邦储备系统，也就是常说的"美联储"。

美联储的一大部分工作，就是预测经济衰退，然后采取刺

激措施，或者货币政策、杠杆什么的，来把经济衰退扛过去。美联储里面的经济学家，大多数是数据科学家。他们会按照数据算出来目前的经济处于什么周期。

以往，经济衰退的发现往往是非常滞后的。原因是，经济衰退的定义是 GDP 连续两个季度缩水。而 GDP 的数据要收集上来非常慢，而且要滞后于季度很久。

萨姆后来发明了一个新的指数，叫萨姆规则（Sahm rule），它是基于失业率来预测经济衰退的。

简单说，如果最近三个月的失业率的平均值，比过去 12 个月的失业率的最低值高 0.5% 以上，那么经济衰退已经发生了。

举个例子，假定 2019 年 10 月、11 月和 12 月的失业率平均值是 3.5%，那么当 2018 年 10 月以后的 12 个月的失业率最低值是 3% 时，就说明现在已经发生了经济衰退。

萨姆指出，用历史数据拟合的预测方法是非常准确的。同时，她推行一个办法，那就是一旦出现经济衰退，就自动给失业家庭发放一次性的补贴，比如 1000 美元。

一次性的补贴，是为了防止很多家庭在经济衰退初现的时候，由于恐慌而马上缩减开支。当全民大规模缩减开支的时候，就会导致更多的人失业，使得衰退越来越厉害。

而经济学家们发现，人的行为是不理性的，小额的长期补贴，是不能刺激消费的，而一次性的补贴，反而可以刺激消费。

> 比如，国家每个月补贴你 100 块钱，多数人是不会多花钱的，还是把这些钱存起来。而如果国家一次性给你 1000 块钱，很多人会一下子把这些钱花掉。
>
> 所以，一次性地给钱能够刺激经济。美联储管这种敏捷性做法，叫自动稳定器（automatic stabilizer）。

这个"乐高块"的故事虽然只是来自一个广播节目，但是我把"来自哪个节目""被采访人的姓名""她做了什么""为什么这样做"和"这个概念叫什么"都写了下来。

下一个"乐高块"也是如此。

> 我今天听了一段 NPR 的 Planet Money Summer School（"全球财富"暑期特别栏目），我觉得挺有意思的。
>
> 就是说，美国关税的税则特别复杂，有几千页，把所有进口产品分成了上万个类型。这就催生了一个职业：关税工程师。
>
> 关税工程师现在是一个很强大的职业了，涉及特别多的行业。他们不仅仅学习法律条款，跟政府"打官司"，他们是真的在搞"关税工程"。啥意思呢？就是给进口商建议，告诉他们如何改变产品能够降低关税。
>
> 比如一双鞋，加上一些绒布，就可以变类别，从一个类别变为另一个类别，关税就低了。
>
> 比如一件衣服，加拉锁就算普通服装，加绑带就算节日服装：普通服装要征关税 32%，节日服装不征关税。

> 我的感想是，当政策流程复杂的时候，就会催生很多中间商。美国个税申报复杂，条款很多，所以就催生了很多会计师事务所；美国移民过程复杂，就催生了很多移民律师和机构。
>
> 其实所有流程复杂的地方，都有非常深度的赚钱机会。

这个"乐高块"里面讲了"关税工程师"的来龙去脉，以及我是从哪个节目听到的，"关税工程"具体是做什么的。

总而言之，我们上面费了很大的篇幅给大家举具体的"乐高块"的例子，是想告诉大家：积攒这些故事、素材和论据，我们需要的是精准的例子。

而且，越精准越好。摒弃"有人说"这样的模糊话语，特定地指出"谁说的"；摒弃"曾经发生了这样一件事"的模糊话语，特定地指出"到底哪年哪月哪日发生的"。也就是说，**把你知道的信息、细节都写上，能多具体就多具体，能多精准就多精准。**

为什么要如此注重细节和精准度呢？原因有两点。

第一，让读者的 GABA 有"安全感"。当他们知道了具体的人物、具体的年代、具体的事情，就不会担心这个故事"搜不出来"或者"没法验证"，就会更倾向于相信你的故事。

第二，有了细节，也够精准，才能让人构建出画面（根据镜像神经元），因此才会让人更加信服。

更重要的底层原因是，我们要说服别人接受的是理念，而理念本身就是抽象的，是需要用"系统 2"的。我们在第 1 章中指出过，丹尼尔·卡尼曼在他的畅销书《思考，快与慢》中提到，大脑可以简单地分成两个系统：系统 1 和系统 2。

系统 1 是不费力的，省能量的，不深入的，完全靠直觉的。我们平时生活都靠系统 1，除非我们自己努力用系统 2。"省脑子"是我们生存所必需的：人不可能吃喝拉撒都需要思考才能进行。如果你需要先深入思考"为什么我要上厕所"才能上厕所，那后果简直不堪设想。

所以，系统 2 是很少使用的，因为它对大多数人来说是费力的。也有很多脑科学家管这个叫"认知负荷"（cognitive load）。认知负荷太重，就会让人难以坚持。

因此，把"乐高块"写清楚，会大大降低人的认知负荷。读者能顺着你的故事，很清晰地想象当时的场景，所以就会很容易被你说服了。

所以我们说，积累大量的"乐高块"是写清楚议论文的第一步。实际上，当你积累了一千个"乐高块"的时候，你不仅可以把议论文写得很清楚，而且可以把你的人生观组织得很清楚。

如果你问"乐高块"从哪里来？那么我要告诉你：它们从四面八方来。一本好书、一篇报道、一个音频节目、饭桌上一个可以追查的故事……这些都是"乐高块"的来源。

只要你把它们精准地记录下来，放在一个自己可以搜索的系统里面（比如云笔记，或者一个没人知道的博客），那么日积月累就可以有很多可以进行议论的论点和论据了。

要注意，这种"乐高块"的积累是必不可少的过程，是无法逃避的。"巧妇难为无米之炊"，如果你平时不积累，是很难有属于自己的观点和论据的。

7.3 论点和论据的组织

上面我们讨论了论点和论据的积累。但是可能到了这里，很多朋友就要说了："在乐高的世界里，并不是有乐高块就能搭出来宏伟的建筑。"

确实是这样的。在搭建成宏伟的建筑之前，乐高块必须有几种简单的组织方式，如图 7-1 所示。

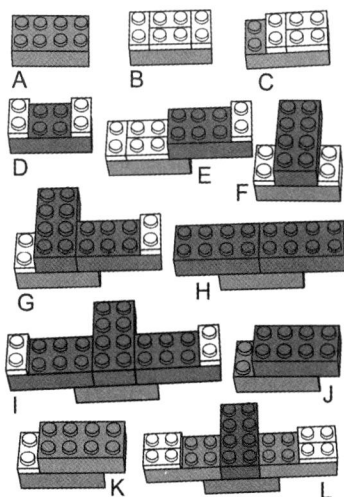

图 7-1 一些乐高块的基本组织方式

（引自：Lego Bricks and the Octet Rule: Molecular Models for Biochemical Pathways with Plastic, Interlocking Toy Bricks）

在议论文的世界里也是如此，并不是你有很多"乐高块"材料就可以写出来好的议论文，还需要好好组织它们。

就像乐高块有几种组织方式一样，议论文的组织也有几种方式，这几种议论文的组织方式，和人脑的逻辑组织方式是对应的。下面就给大家一一拆解一下。

7.3.1 充分性与必要性

充分性与必要性是"做一件事"的两个方面。一件事，最好又充分又必要，我们才去做。所以当我们论证"需要做某件事情"的时候，就可以用这个结构，先论证"不做这件事的危害"（必要性），再论证"做这件事的条件已经具备"（充分性）。这个论证结构如图 7-2 所示。

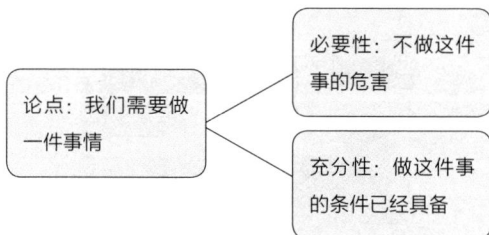

图 7-2 "充分性与必要性"的论证结构

下面我来展示一下我用这个结构来论证的两篇文章。

第一篇：论证为什么我需要给自己的藏书做一个"馆藏系统"。

我今天早上一直在整理我的书柜，我反思了一个问题："为什么我们全家都很辛苦，但是家里总是还需要不停地整理？"

这个原因就是：没有馆藏系统。

中国大多数老百姓，特别是老一辈，没有"馆藏"的概念。"馆藏"这个词的英文是 curation，它其实不仅仅用于博物馆，也用于一切收藏。

举个例子，如果我家书柜交给保姆或者长辈收拾，那么他们只会把书都插进去，把灰擦了，不会按类别整理。

这就是收藏品混乱的原因。有的时候，我办公到很晚，把东西摊的到处都是，第二天就会发现东西全都"收拾"到了书架上。收拾是收拾了，但是摆放逻辑不是我的逻辑。于是我又要把它们再整理一遍。如果我忘了整理，就很可能丢失。

有人可能说："拿了东西放回原位就好了。"很多家庭主妇、长辈、保姆，甚至所有做家务的主力都说过这样的话。但是，这里有一个问题："'原位'如何定义？"我们没有给每一个物品定一个精确的"原位"。

我没有定义每一双袜子、每一本书的原位在哪里。

为什么曾经中国人不会考虑这个问题呢？因为曾经我们很穷，不会有那么多东西：没有那么多口红、衣服、书、手办或玩具。

这也是很多家庭矛盾的来源。有多少孩子因为"父母收拾东西乱动了我的口红、书、手办或球鞋"而与父母产生矛盾？

我在这一刻想明白了：我既不应该抱怨他们放错了位置，

也不应该模糊地说一句"放原位"，更不应该不停地自己收拾，摆来摆去。

我应该做的事情是：

1. 对家里所有图书进行扫码收录；

2. 采用 UDC（Undefinitized Document Control，通用十进制分类法）系统进行分类；

3. 买一个标签打印机，把编码打在图书上；

4. 给绝版或者很难购买的图书打上 V（表示有价值），并且告诉家里所有人，绝不能出借所有带 V 的图书。

这样，我就能够给图书建一个有效的馆藏系统。只要家里的保姆和我妈，按系统中的字母顺序摆放图书，以后我就可以用最少的精力去管理，还能保障样书、自购图书和礼品都能储存好。

有很多人说，有这个必要搞一个这样的系统吗？我觉得当你的家里有大量同类物品，并且你很珍惜的时候，就需要做馆藏系统。

否则一旦出借、拿出去，或者放在包里，就可能丢失，或者产生很高的磨损率。很多外国主妇或者外国老师（至少是精英阶层），家里馆藏系统做得非常好。

香料按使用频率摆放，孩子玩具按类型进行收纳，书本按字母顺序摆放。

其实所谓的"整理师"就是这样一个存在。不过大多数中国人不太习惯请整理师。因为"整理"这个词，在我们中国人的概念里是"收拾"，也就是"让表面看上去干净"。但实际上整理师干的是"馆藏系统"，给你家里每一个东西建立"原位是哪里"的系统。

绝大多数人不认可这个服务的收费，觉得收费那么高，说实话，我也不认可。但是我觉得我可以学习这个系统，自己从图书开始整理馆藏系统。

做一个聪明的、井然有序的人：既不跟人打架、唠叨，也不总是不停重复干活，劳累自己。

我希望儿子长大之后，他问我"这本书放哪里"，我不再像千百年来的家长那样回答"就那里，就放原位"。

我可以精确地回答他："三排第一个架子 D 部分，按顺序摆放。"

这篇文章的论证结构非常简单，就是充分性与必要性的结合，如图 7-3 所示。

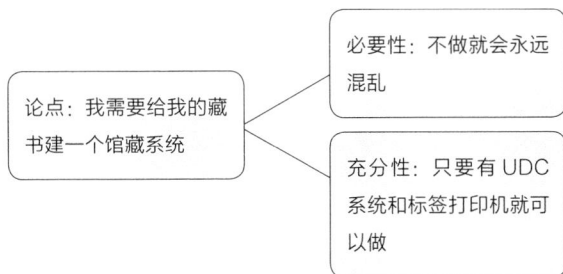

图 7-3　论证"应该建立一个私人馆藏系统"的结构

前半部分讲了书柜为什么那么乱，后半部分讲了我其实有条件做一个馆藏系统。

第二篇：论证"因果是大脑的模型"。

因果在现实生活中是不存在的，是人类大脑构建世界的一种模型。首先，这个模型是有很多种类型的。你如果仔细读过哲学著作，就知道，因果也是分"因果必要"和"因果充分"的。

什么叫因果充分？我把你推进游泳池里，你出来浑身都是干的，我就吓死了。"跳进游泳池"和"全身湿透"的因果关系是充分的。

什么是因果必要？我给你一个火柴盒，你划了一下火柴，但是没划着。我不仅没吓死，还感觉稀松平常，因为火柴偶尔会划不着，这个大家都知道。"划火柴"和"着火"，这个因果关系是必要不充分的。

除此之外，还有概率因果，也就是两件事相继发生的概率高，人脑就会对它们产生因果的模型。比如你10次打开车里的收音机，8次会熄火。你就会认为"打开收音机"和"熄火"之间有因果关系。

所以因果是什么？因果不过是你大脑中的一种模型，对这个世界的事件关系进行建模。因果是一种简化的模型。其实本质上来说，世界上有太多事情是高维的、不确定的、随机的、动态变化的，你的大脑处理不了这么多信息，只能把模型简化为因果。

这篇文章的论点和论据也非常清晰，就是在论证"因果是大脑的模型"。必要性就是"因果其实有很多种类型"，充分性就是"世界太复杂了，我们需要因果这种简单的模型"，如图 7-4 所示。

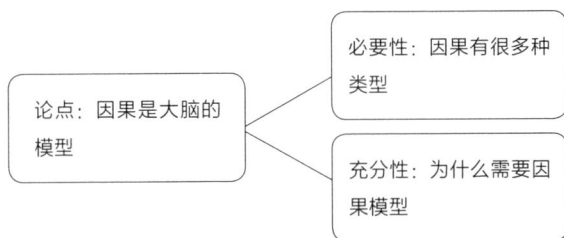

图 7-4　论证"因果是大脑的模型"的结构

因此我们可以看到，当我们论证"可以做一件什么事情"这种论点的议论文时，直接分成"必要性"和"充分性"两块来组织论点就可以了。

实际上，我的很多议论文就是这样组织的。这样组织有一个好处，对于"我们为什么要做这件事"和"我们如何做这件事"都论证得比较清楚和完备，满足了大脑的 GABA，对读者来说，说服力就比较强。

7.3.2　正反论证和矛盾统一

"正反论证与矛盾统一"也是一种常见的议论文写作方法。它的结构很简单，就是当我们遇见一个争议很大的话题时，就把"正方"和"反方"的观点都亮出来，最后再做一个总结。它的结构如图 7-5 所示。

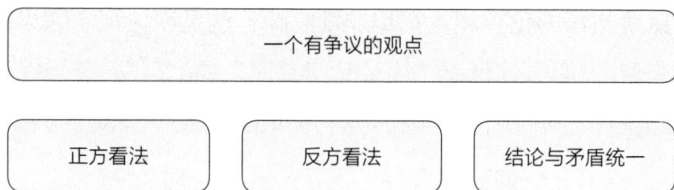

图 7-5 "正反论证与矛盾统一"的论证结构

下面我们来看一篇用这种结构论证的文章。

这篇文章论证的是"要不要当全职太太"的话题，因张桂梅老师反对女生当全职太太的议题而起。

昨天张桂梅老师反对女生当全职太太的帖子引起了很大反响。有一些网友让我谈谈自己的看法。我觉得这个话题很难讨论，因为我个人觉得，正反方都有很多观点，都有一定道理，论据也很真实。

但我也认为，一个有智慧的人的基本素质，就是能在大脑中容纳不同的观点和声音，甚至是反对的观点和声音。

所以，关于全职太太，我今天就把我觉得有道理的观点都给大家说一下，供年轻的女孩子们自己判断。

正方

观点 1：当全职太太是个人选择。

有一定道理。因为只要家人支持，别人确实没有权力管他人私事。

观点 2：我有老公养，家里有钱，很幸福。

有一定道理。很多人不用为了生计奔忙，有钱有闲的富贵闲人是大家都羡慕的。

有一些全职太太，生活丰富多彩。这虽然并不是所有人都能达到，但是能给很多女孩以很强的心理暗示：辛苦上班还不如在家全职。

观点 3：我去上班，工资还没有保姆费高，我是从全家经济状况考虑的。

有一定道理。在欧美国家和中国的一线城市，蓝领和白领工资逐渐平齐。这是趋势。当普通白领和高级蓝领之间的工资差异越来越小时，这种声音会越来越多。

观点 4：如果我不带孩子，我们家老人没人能带。

有道理。育儿保障体系还不完善。很多非独生子女就面临着"抢老人"的问题。父母和公婆可能一方身体不好，一方在带兄弟姐妹的孩子，这种情况很多。

观点 5：我的孩子需要我。

有道理。有些孩子有特殊需求，比如语言发育迟缓，或者心理需求较高。

观点 6：我必须解决和老公异地的问题。

有一定道理。中国有很多人在做没有固定工作地点的工作。

大量的基建人员是要出差的。如果配偶不在家，夫妻就常年见不到面。

反方

观点 1：虽然从个体上来说，当全职太太是个人选择，但是从总体上说，女性劳动参与率太低，会导致女性职场之路越来越不平等。

有一定道理。职场上女性的升职难度远高于男性，一部分原因确实是已婚已育女性的劳动参与率低于男性。如果一个女性在 30 多岁，已经变成中层领导之后回归家庭，那么就会给她们单位以后的女性晋升带来一定障碍。

因为很多公司会考虑晋升和培养一个女领导的风险。前人栽树，后人乘凉。女性不应该只考虑自己的安逸，不为以后的女性着想。

观点 2：中国不能跟欧美国家比，在欧美国家，抚养孩子的一方在离婚后能分很多钱，在中国很多时候抚养费很少，被离婚就惨了。

有道理。虽然在欧美国家，离婚后孩子的抚养费也没有网友想象的那么多，但是好歹是从工资里面直接扣的，赖账太难了。

观点 3：作为一个妈妈，你需要社会保障体系。

有道理。女性在怀孕和生产等时，可以从社会保障体系中受益，这些都需要牢牢掌握在自己手里。

观点 4：伸手向人要钱，终究太屈辱。如果你丈夫不认可你的付出，那么就算其他人都认可也没用。

这条不用解释。很多全职妈妈会抱怨丈夫或公婆给钱的时候嘴脸过于难看。

观点 5：你需要跟成年人社交，天天跟幼儿在一起会脱离社会。

有一定道理。幼儿的语法和思维方式与成人不同。长期不与成年人交流，心理会压抑。

观点 6：全职妈妈反而会让爸爸的育儿参与率变低，导致他认为一切理所应当，对孩子付出的少，孩子的生活参与得少。但孩子是需要父亲的。

有一定道理，虽然父亲常常是（注意，我写的是"常常是"）家庭经济的顶梁柱，但无论男孩女孩，都需要母亲和父亲共同养育。

观点 7：一个女孩受到了较好的教育，应该发挥自己的能力，创造价值，而不是埋没自己。

有一定道理，国家、社会和父母贴了很多钱费劲巴拉把你养成社会精英，是希望你能创造不一般的社会价值，而不仅仅是当一个妈妈。

如上所示，我把所有的观点都抛出来了，下面是我对年轻女孩的建议。

1. 开放你的思维、你的心灵，接受不同观点。左右权衡，才是有思想的人。

2. 开辟出一条属于你自己的道路，但不用说服自己或别人"这条路是最好的"。

3. 在自己有机会的时候，回馈社会。

4. 选择配偶，与配偶谈判是极其重要的。在职业规划的过程中，要绕过很多艰难险阻，才可以发挥最大社会价值。

5. 不要回答"如何平衡事业和家庭"这样的问题，没人能够平衡。如果有人能平衡，必然有人在牺牲。

这篇文章也是正方与反方、矛盾与统一的例子。它的结构也非常简单，如图 7-6 所示。

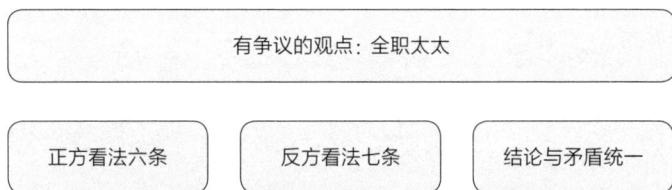

图 7-6 论证"要不要当全职太太"的结构

当我们讨论一个有争议的话题的时候，就可以采取这样的论证结构。

7.3.3　列出一个问题的多个方面

列出一个问题的多个方面是议论文最简单的一种组织方式。具体来说，就是把一个问题的多个方面或者一种观点在不同场景的表现形式列举出来。

我们来看下面这篇文章。

刚才和朋友讨论了一下，说很多家长其实不理解"儿童的成长是一个曲折的过程"。很多时候，看似"退步"，实际是为了更大的进步。

我们举两个例子。

一个例子是儿童的语言发育，很多时候，孩子的"退步"是为了更大的进步。

在英语是第一语言的小朋友里，有这样一个现象：特殊的动词过去式（例如 go 的过去式 went），孩子是先学会的。你会发现，两岁的小朋友就会说"She went back home"了。

但到了三岁，他学会了动词的过去式一般是"动词 + ed"，就会说"She goed back home"。这显然是语法错误，在评分的时候，这个孩子的成绩就会降低。

但是，这是一个重要的语言发育阶段，叫过泛化（over generalization）。换句话说，他在学习规律，并且试图把规律用在很多地方，甚至用得过度广泛，犯了很多错误。

这是学习语法的一个重要阶段。等再过一段时间，孩子就会明白，原来语法有规律，也有特例，就又回到了"She went back home"。

第二个例子是儿童的运动发育。一般来说，儿童最早学会的是双手双脚同时（homologous）运动，然后学会的是同侧（ipsilateral）运动，最后是对侧（contralateral）运动。

当很多家长发现儿童在学会对侧爬（也就是先伸左手右脚，再伸右手左脚）后走路还是同侧的时，就会很不耐烦："明明已经会对侧爬，怎么走路还是顺拐？"

其实这也是一种进步行为，儿童需要先学会站立平衡，回到同侧走，才能进一步学习对侧走路。"顺拐"在这个情况下也是进步行为。

同样的道理也可以从学校的各个方面看到。学校的所有考试都可以认为是简单评测，简单评测只给你一个表观的分数，并不告诉你分数下面发生了什么。

分数下滑的原因有时候恰恰是发展，是孩子在试验各种其他方法，是他在尝试用别的方法学习、解题，是在"去拟合"，或者说是一种过泛化。而家长不分青红皂白地着急，其实反而会影响这个过程。

我从没见过哪个孩子的成长是直线上升的，没有高高低低、上上下下，没有所谓的"退步"。那样的大概是机器人。

这篇文章写的道理非常简单：孩子在成长过程中的"退步"，并不一定都是退步，有很多其实是进步。我们举了三个例子，分别是关于语言学习、运动发育和学校学习的。最后的观点是：没有哪个孩子的成长是直线上升的。

这篇文章的结构如图 7-7 所示。

图 7-7 "列出一个问题的多个方面"的论证结构

这样的论证结构是最典型的，也是最常见的。

7.3.4 其他论证结构

除了上面三种常见的论证结构，还有一些其他的论证结构，比如"规律与特例""双向分离"等。

什么叫"规律与特例"呢？就是我们在论证一件事是普遍规律的时候，最后还会把这件事的特例写出来。这种论证结构如图 7-8 所示。

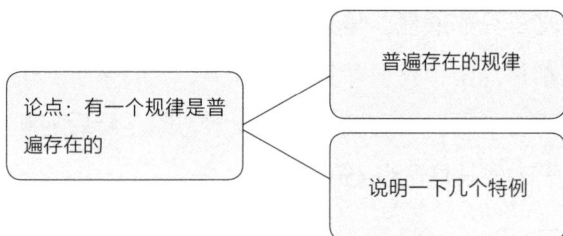

图 7-8 "规律与特例"的论证结构

这个结构非常简单：当你写的规律有特例的时候，你就把规律先写出来，再写特例就好了。我们举几个例子。

适量地跑步对绝大多数人的健康是有益的。【普遍规律】

除非您的膝盖有问题，不能支撑跑步，那么您就应该寻求一些对膝盖压力低的运动，比如游泳。【特例】

一般来说，晚饭应该少吃，这样对身体健康有利。【普遍规律】

除非您有胃病，或者正在处于化疗放疗等癌症治疗过程中，那么您就应该遵医嘱。【特例】

这个结构非常简单，我们就不赘述了。下面让我们来看看"双向分离"的结构。

什么叫"双向分离"呢？就是在论证 A 与 B 不是一回事的时候，一定要论证两个方向的分离，即"有些 A 不是 B""有些 B 也不是 A"。

这种论证结构如图 7-9 所示。

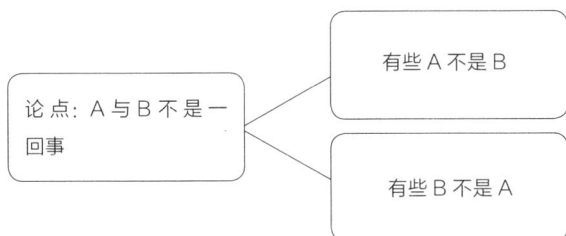

图 7-9 "双向分离"的论证结构

关于双向分离，我给大家举一个例子。有一次航空公司要求空乘减肥，并且给了身高体重标准。我写了一篇文章，表示："我不会坐这个航空公司的飞机，因为减肥会影响空乘的判断力，飞行就无法保证安全性了。"结果，有很多网友反驳我说："按这个航空公司的标准来说，不算瘦。"

我驳斥了这个观点。我认为，瘦是一种状态，有很多人天生瘦，如果航空公司需要瘦人，就可以在筛选的时候找瘦人当空乘，而不是逼她们减肥，影响飞行安全。所以我写了这样一段：

瘦和减肥，完全是两个概念，下面这四件事情是完全可以独立存在的：瘦人减肥，瘦人不减肥，胖人减肥，胖人不减肥。

这种情况，逻辑上叫"双向分离"。也就是说，减肥和瘦，是两个完全双向独立的概念。

如果我说"空乘减肥不安全"，那么如果你是一个有逻辑的智慧生物，你就算反驳我，也应该从"减肥不影响安全"这个角度切入，而不是说"按这个标准不算瘦"。

这段文字就是一个论证"双向分离"的例子。我们可以看出来，它的主要组织方式如图 7-10 所示。

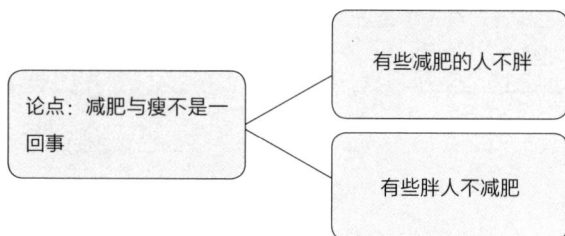

图 7-10 "双向分离"的论证结构示例

7.3.5 论证结构的总结

我们在这一节开始的时候讲到了，平时积累的论点和论据就像"乐高块"，而上面的拼接方式就是乐高的基本拼接方式。

所有这些基本拼接方式都是可以体现在一篇议论文里的，结构如图 7-11 所示。

假设我们的论点是"提议 A"。既然提议做 A，那么我们必然要回答的问题就包括：为什么要做 A（必要性），现在是否可以做 A（充分性），A 不是 B（双向分离），A 与 B 的利弊（正反面），每一面的论证（一个问题的 N 个方面）与矛盾统一，以及做 A 的特例（规律与特例）。

也就是说，我们把这些基本的"乐高块"组合拼接在一起，就成了一个真正的宏伟建筑了。

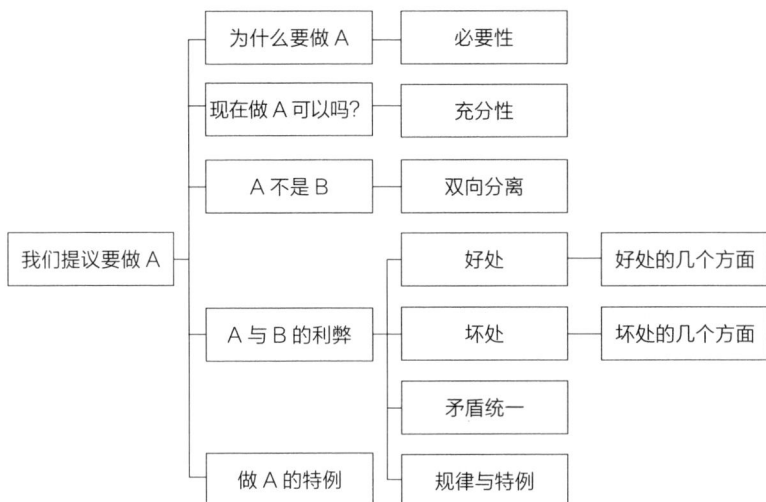

图 7-11　一篇议论文的拼接结构

　　这样的拼接结构是完全符合大脑的"逻辑架构"的，当读者大脑的逻辑架构被满足之后，他们也会接受你的论点。把这些组织方式结合在一起使用，就可以得到更加完整的议论文，甚至是成熟的咨询文章了。

本章总结

在本章，我们细数了议论文的组织方式。在前两节，我们告诉大家平时要多积攒"乐高块"，不要从零写起，而要从乐高块开始拼接。同时我们告诉大家，乐高块越清晰越精准越好，这样能够满足大脑的建构需求（想要知道谜团和细节的愿望）。

同时，我们给出了几个"人脑最喜欢"的论点和论据的组织方式，并且对这些组织方式一一画图和举例。希望大家把这些结构牢记于心，常常练习，并且练习把它们全部拼接在一起。

这样，你的文章就会气势恢弘且逻辑充分：既有雄辩之感，也有强大的说服力。

08

用脑科学原理
分析世界经典名篇

我们在前面七章详细阐述了如何用脑科学原理写作。但在阐述的过程中，我们还存在一个小小的逻辑漏洞。那就是，"如果你说的用人脑阅读和听故事的规律来写作的方法是正确的，那么过去的文学经典和世界名篇，也应该是符合这些规律的"。

也就是说，虽然古人没有掌握我们今天所说的这些写作规律，但是由于读者的大脑有"筛选机制"，所以流传下来的名家名篇，应该是符合我们讲的脑科学原理的。如果流传下来的名家名篇都不符合这些原理，那么我们上面的论述也就都不成立了。

因此，在这一章，我们要把这个漏洞给堵上，也就是要逐一考察和论证"过去的经典名篇是否符合脑科学的一些规律"。在这一过程中，我们实际上给"文学批评鉴赏"加上了一个新的"滤镜"，那就是从"是否符合读者大脑喜好"的角度来看待经典名篇。如果这个滤镜成立，就可以说，回溯历史数据发现，我们人类确实喜欢这样的故事。

8.1 叛逆者与代入感：花木兰和孙悟空的共同点

人世间的事情很多是憋屈的，绝大多数人的生活充满了唯唯诺诺和遇见权威时的"敢怒不敢言"。所以，文学作品中有一大类的主角是"叛逆的精神偶像"。武侠小说作家李亮有一本书，叫《反骨仔》，里面有这么一段话，写中国人的"忍"："天下不平何其多？睁一眼，闭一眼，自有青天老爷审！听天由命莫斗狠。陈塘关，三太子，闹海哪吒也自刎。"

正因为有这样憋屈的人生，所以有一大类故事的主角往往是有叛逆精神的。其中最典型的就是孙悟空。他的每一步成长都是隐喻一个有叛逆精神的年轻人的成长，所以可以让有叛逆精神的年轻人一直代入自己。

孙悟空一开始自封"齐天大圣"，觉得自己本事很大，既能打败各路天兵天将，也可以去王母那里吃桃子。这多像刚踏入社会的我们，觉得自己无所不能、精力旺盛、知识渊博，有时还觉得"那些'老家伙们'什么都不懂，你看我两下就把一切都搞定了"。

然后呢，真有点本事的"孙猴子"被收编了，被配了一个絮絮叨叨的"老板"、一个"猪队友"、一个"闷葫芦"，还有一个挺好的"服务器"（白龙马），开始走上"创业旅程"。

其间历经九九八十一难，有"猪队友"拖后腿的时候，有"老板"被诱惑的时候，有各路妖精要弄死自己，还有神仙不来帮忙，土地公公甚至来搅局的时候。

西天那么远，似乎总走不到。有的只是来了又走、走了又来的白骨精，夫妻吵架伤及无辜的牛魔王，还有盘丝洞里无数个女妖缠着自己，"老顽固"师父错怪自己，而且偏偏他手里还有紧箍咒。

而战胜了这一切的孙悟空，蜕了一层皮，不再是"齐天大圣"了。他经历了这些苦难，变成了"斗战胜佛"。

"斗战胜佛"，这四个字可真不简单。在这个残酷的世界，妖魔鬼怪折磨人，人却以筋骨斗，以热血战，以智慧胜。在这个世界中寻找平和，居然磨出了佛性。

这就是中国人成长的哲学：且悟，什么是空。

所以我们对孙悟空有莫大的代入感，那种憋屈、愤恨、被拖累时候的叹息，还有责任感带来的无怨无悔，都是植入我们内心的共同的情感，所以孙悟空才当之无愧地成了最受中国人欢迎的精神偶像。

同样，《西游记》的配角，我们也是能在生活中找到影子的。比如猪八戒的特点是好吃懒做却懂得取巧，沙悟净则是勤勤恳恳踏实肯干，却没多大存在感。生活中也实实在在地存在这样的人，能够让我们代入。

这就是大大地利用了人的镜像神经元和我们的代入感、我们的肾上腺素和感情的"鸡尾酒"。

这样的代入感在精神偶像中也可以看到，比如花木兰。《木兰辞》是每个中国人都耳熟能详，甚至深入灵魂的民歌。

它最后就点出了木兰的精神："雄兔脚扑朔，雌兔眼迷离；双兔傍地走，安能辨我是雄雌？"这句话说出了千百年劳动妇女的心声："我也可以做出一番事业。"在女人"大门不出二门不迈"的男权社会里，一个女孩也可以建功立业，也可以"赏赐百千强"，并且可以功成身退，看重事业看轻名利，淡然说一句"木兰不用尚书郎"，处处有一种"谁说女子不如男"的代入感。

这样的励志歌谣，必然在广大妇女中传唱。而且其中蕴藏了深厚的亲情，比如"愿驰千里足，送儿还故乡""阿爷无大儿，木兰无长兄，愿为市鞍马，从此替爷征""爷娘闻女来，出郭相扶将；阿姊闻妹来，当户理红妆；小弟闻姊来，磨刀霍霍向猪羊"。这里面的浓浓亲情无不让人动容。

木兰除了是一个英雄，还是一个内心有小女儿情怀的娇羞姑娘，文中有这样的描写："脱我战时袍，著我旧时裳。当窗理云鬓，对镜帖花黄。"

一个征战十年的英雄，一个拒绝了尚书郎的女中豪杰，跟我一样是爹娘的女儿，她也一样爱打扮，一样向往回家——这就是深深的代入感：木兰就是我们的一员，就从我们中来，未来的木兰可能是我们的姐妹，我们的妻子，我们的女儿。

这样，木兰的形象就成了人民能代入的形象，就成了在人民中流传了千年的形象。这就是文学能够感召人的地方。

可以说，孙悟空和花木兰虽然都是叛逆的偶像，但是表达的都是中国人最深的情感寄托，所以能让人有最强烈的代入感。正因为如此，孙悟空和花木兰才成为了文学上的经典形象。

8.2 "可读性的巅峰"白居易

宋朝人有一段谣传：白居易每做一首诗，都要给老奶奶念一遍，问问老奶奶听懂没有，如果没听懂，他就去改。

这段话最早来自宋人孔平仲的笔记《谈苑》，原文是：

"白乐天每作诗，令一老妪解之，问曰：'解否？'妪曰解，则录之；不解，则易之。故唐末之诗近于鄙俚。"

这段文字其实是讽刺白居易的，造谣因为白居易每次写诗都要给老妇人看，所以唐诗才被他带得粗鄙了。但后人并不跟着这一两个酸文人讽刺白居易，甚至还把这个谣传当作佳话到处流传。可见，人民对于诗歌可读性很高的诗人，评价是很高的，即便有人去"黑"他，都可能解读成夸赞。

实际上来说，白居易活着的时候，社会地位是相当高的：官至太子少傅、刑部尚书，封冯翊县侯。这相当于什么社会地位呢？就是古代司法部门的最高领导、未来皇帝的老师、一位封侯的侯爷，可以说离宰相也就差那么一两步了。

但是，他对劳动人民是什么态度呢？

在《琵琶行》里，他对一个卖艺的琵琶女说："同是天涯沦落人，相逢何必曾相识！"在《卖炭翁》里，他看到一个卖炭的老人而感慨："可怜身上衣正单，心忧炭贱愿天寒。"在《观刈麦》里，他看到农民耕种和收获的辛苦而感慨："今我何功德，曾不事农桑。吏禄三百石，岁晏有余粮。念此私自愧，尽日不能忘。"

可见，白居易即便高官厚禄，也从没把自己和人民割裂开。他还是认为，所有人跟我是一样的人，卖艺的琵琶女与我"同是天涯沦落人"，卖炭的老人引起他最深刻的共情，农民的耕种让他感慨自己何德何能，可以不用去务农，一定要记得感恩。

所以，他的诗歌可读性很高，大家都能读懂。这是一种哲学境界。记得网友曾笑称"刘国梁用公交卡打乒乓球就可以打哭你"。同理，文字技法臻于化境的人，是不拘泥于复杂的生僻字的。这就跟刘国梁打乒乓球不需要好球拍一个道理。

我们在第 4 章讲了一个"拽文"的例子，就是 2020 年高考中浙江卷的考生，大家还记得吗？

现代社会以海德格尔的一句"一切实践传统都已经瓦解完了"为嚆矢。滥觞于家庭与社会传统的期望正失去它们的借鉴意义。但面对看似无垠的未来天空，我想循卡尔维诺"树上的男爵"的生活好过过早地振翮。

我们怀揣热忱的灵魂天然被赋予对超越性的追求，不屑于古旧坐标的约束，钟情于别处的芬芳。但当这种期望流于对过去观念不假思索的批判，乃至走向虚无与达达主义时，便值得警惕了。与秩序的落差、错位向来不能为越矩的行为张本。而纵然我们已有翔实的蓝图，仍不能自持已在浪潮之巅立下了自己的沉锚。

......

这样的文章就是恨不得把自己知道的生僻字都用上，向所有人显摆词汇量，但得不偿失，可读性降到了很低的程度，反而给人一种"差生文具多"的感觉。

文字是一种工具，承载的是人的思想。思想深度不够，堆砌生僻字也就成了显摆，这样的取巧方法是无论如何都不会得人心的。

相比之下，白居易虽然被人造谣，被人借以贬低唐诗，但是后来的人们却把谣言传成了佳话，认为这是在夸赞他。由此可见，虽然人民不懂什么是可读性，但是可读性高又文学性高的作品一定能够得人心。这就是文字的最高境界。

8.3 亲情交织的科幻作品《星际穿越》

《星际穿越》（*Interstellar*）是一部科幻作品，但实际上它是叙述人的亲情的。

它用穿越时空的故事来讲父女之间穿越时间的亲情。里面有两对父女：一对是库珀（Cooper）和墨菲（Murph），另一对是布兰德（Brand）教授和艾米莉亚（Amelia）。前者的遭遇是父亲看着女儿死去，而后者的遭遇是女儿看着父亲死去。主角库珀因为穿越星际，被困在了四维空间，再出来的时候地球时间已经过了 80 年。他可以在四维空间里看到女儿的成长，可女儿却看不见父亲的存在。而教授没能等到艾米莉亚穿越回来。这样，时间的穿梭就形成了亲情的交错。

因此，物理上的时间穿梭，隐喻的是一生的错过。所以布兰德教授说："我不怕死，我怕的是时间。"库珀回到太空站的时候，墨菲那里的时间已经过了 80 年，她已经变成快 100 岁的老妪了。

库珀站在病房外，痛苦地想："我离开的一年，是她的一生，我该怎么挽回和她错过的一生，我该怎么求她原谅我错过了她的一生？"

《星际穿越》中还设计了一个"完美女婿"的形象：一个温柔的医生，话不多，却悬壶济世。不论墨菲是悲是喜，或者是发脾气，他总是默默站在墨菲的身后。他有点天性胆小，但是能为了墨菲而变得勇敢。

看了这部作品，我才发现库珀对墨菲的爱有多深。他每做一件事，脑子里想的都是墨菲，他甚至连呼吸都是为了墨菲。就算墨菲脾气大到多年都不原谅他，他还是深信墨菲爱他就像他爱墨菲，只要是他送的手表，墨菲一定会回来找的。父女的感情，实际上穿越了时空。

看到这里，我仿佛能体会其同名小说的作者的心。作者格里格本人当时已经 51 岁了，女儿妮拉才 6 岁。他害怕时间，害怕时间让他们父女错过一生。就像故事里的库珀和墨菲一样，库珀看不见女儿墨菲的成长，看不见她从叛逆到成熟，成为科学家，最后变成拯救世界的伟大女人，也看不到她生儿育女，子孙满堂。

看《星际穿越》之前，我以为它是科幻作品，讲的是物理。看完了，我发现它是人类学的作品，讲的是父女亲情。

很多朋友爱开玩笑，说女儿是爸爸的"小情人"。这说的是父女有多亲密。以前我听这话也就乐乐，看完这部作品突然明白，这句话是错的，是女人们的自以为是。在男性眼里，在亲密无间、爱不可分方面，情人不是最高级，女儿才是。

太阳的万丈光芒是不需要拿星星来比喻的。《星际穿越》把这个观点润物细无声地教给了我们。

人类的感情永远是最共通的话题，能够跨越文化和时空：在世界任何角落、任何地区，用任何文字写出来的深刻讨论亲情的故事，都能引起人们的共鸣。

8.4 "多巴胺诗人"李白

现代很多人喜欢看"爽文"。爽文就是能让主角们顺风顺水或者恣意激荡的文章。更常见的，就是主角摆脱了一切烦恼，"管他天高地厚，我就是这样潇洒"的文章。

爽文就是给人多巴胺奖赏回路的文章，而李白就是爽文的鼻祖。下面我们看看他都写了什么爽文爽诗。

君不见，黄河之水天上来，奔流到海不复回。君不见，高堂明镜悲白发，朝如青丝暮成雪。

人生得意须尽欢，莫使金樽空对月。天生我材必有用，千金散尽还复来。

——我是一个天才，就算花掉所有钱，还能再把它们拿回来。

我本楚狂人，凤歌笑孔丘。手持绿玉杖，朝别黄鹤楼。五岳寻仙不辞远，一生好入名山游。

——我就像楚国的那个狂人一样，唱歌嘲笑孔夫子。拿着仙人的绿玉杖，我能到仙人所去的地方去。

大鹏一日同风起，扶摇直上九万里。

——我就像大鹏鸟一样，总有一天会和风飞起，凭借风力直上九天云外。

仰天大笑出门去，我辈岂是蓬蒿人。

——我就大笑着摔门而去，我哪里是长期处于草野之人。

夫天地者万物之逆旅也；光阴者百代之过客也。而浮生若梦，为欢几何？

——天地不过是万物的客舍，时间也不过是一个过客。生死只是一场梦。

从这些诗句中，我们看到了李白爽文的风格：看轻钱财，看轻地位，看轻挫折，看轻天地，看轻时间，甚至看轻生死。这就是极致的爽文：告诉读者，这些都没有什么可怕的。

当然，可能有人要反驳我：李白本也是个肉体凡胎，其实也会在生死关头害怕，在权势下低头，也会对钱财捉襟见肘。是的，正因为我们都是肉体凡胎，所以直面恐惧、嘲笑恐惧的作品，才是真正属于每个人的爽文。

或许可以说，李白正因为"爽文"写得精彩绝伦，才得有"浪漫主义诗仙"的称号。所谓浪漫主义，就是侧重从主观内心世界出发，忘记痛苦和烦恼，用热情奔放的文字抒发对理想世界的热烈追求。

在这一点上，李白登峰造极，极大地满足了我们的多巴胺，所以他的诗歌也被千年传颂。

8.5 启动 GABA 的《一千零一夜》与《儒林外史》

《一千零一夜》和《儒林外史》这样的文学作品喜欢通过一个故事讲一个道理，并且把道理点出来，让人恍然大悟，也就是满足你的 GABA。

我们拿几个大家耳熟能详的故事来举例。

一个例子是《儒林外史》里的一篇讽刺小说《范进中举》。故事的梗概是：

广东有一贫苦童生范进从 20 岁开始考秀才，理想是中举人。结果，直到 34 岁才中了秀才。他的岳父胡屠户是个趋炎附势、嫌贫爱富的人，对女婿感到很不满意。

他在范进面前趾高气扬，粗野狂暴，范进也只是唯唯诺诺、低声下气。后来，范进好不容易中了举人，却喜极而疯，最后被岳父一个耳光打醒了。

这个故事的寓意是，假如一个人长期憋屈，那么在真的遇见好事时，心理就可能崩溃，也会疯掉。

同样，《一千零一夜》里面也有很多大家非常熟悉的故事，比如《阿拉丁与神灯》《阿里巴巴与四十大盗》等。所有这些故事都在讲一些道理，比如人要向善，不能贪心，不能违背诺言，不能背叛朋友，不能突破底线等。

这样的故事之所以在全世界都很流行，成为成年人和儿童口耳相传的故事，就是因为它们"讲道理"的能力很强，能够让人顿悟人生的一些道理，满足大家的GABA。

因此，如果你有一些道理要讲述，也可以包装成寓言故事的形式，这样就有可能在很大的范围内传颂。

本章总结

我们在这一章回溯了以前的名家名篇，古今中外的好故事都有。我们发现，这些故事之所以能够流传下来，都是因为符合一些脑科学原理，所以深深地抓住了读者的心。

至此，我们的写作逻辑的最后一环算是闭合了。我们找到了证据，发现了以往的文学作品也是支持我们的理论的。

当然，我们列举的证据只是符合脑科学理论的一小部分作品，还有大量的文学作品靠你去分析。希望你以后看见流传千年的，或者是当下流行的文学作品，都问自己这样一些问题：

"这个故事到底哪里触动我了?"

"它符合什么脑科学原理?"

"我可以把这些原理用在我的写作中吗?"

如果你每次都这样问自己，那么我们这本书的目的也就达到了。

亲爱的读者们，感谢你与我完成了这样一段美好的旅程。我们在读者的大脑与写作的技巧之间来回穿梭，就好比我们在食客的品味与烹饪的原理之间穿梭一样：运用之妙，在于转换立场。

这本书就是告诉你如何转换"写作的立场"，告诉你一般的读者是怎么想的，所以你作为作者到底应该怎么做。

在这段旅程的开始，我告诉了大家我写这本书的宏大目标：我不仅仅要教授写作，还要教授内容创作。中国的内容创作产业还远远没有发展起来，而未来的几十年，内容创作这个领域将衍生出无数的工作机会，表现出巨大的发展潜力。

本书里说的很多脑科学原理不仅仅可以用于写文章，还可以用于以下所有内容的创作：广告词、营销文案、自媒体文章、演讲稿、网文、小说、泛文学创作、剧本、歌词、影视周边、漫画和其他所有二次元创作等。

无论是哪种内容创作，我都希望你们在创作的时候记住代入感与镜像神经元，记住皮亚杰建构，记住"乐高块"与组织方式，记住感情鸡尾酒，记住 GABA，记住比喻、拟人和排比的建构法，记住人脑喜欢韵律，记住平仄的规律。这些都是你创作内容的工具。希望你把它们都装进你的工具箱。

在这本书里，我举了很多自己的文章作为例子，并不是因为我自傲文章好，而是因为使用这些文章不需要获得授权。所以，这些例子不是最优的，希望你能够用我们给出的原理，挖掘出更多好例子。

最后，希望我的倾囊相授能给你们的内容创作插上腾飞的翅膀，希望以后，我的读者中能够产生伟大的作者，写出《哈利·波特》那样畅销全球的作品，写出《飞屋环游记》那样感人至深的作品。希望你们写的歌词能传唱，你们写的文章能被无数人转载，你们做的文案能转化率直升。

希望你们，用这些原理，打动人心。

[1]   M. Knott, L. Alvarez, S. Krasniuk, and S. Medhizadah, "Book Review: The reader's brain: How neuroscience can make you a better writer, by Douglas, Y," Otjr Occup. Particip. Heal., vol. 36, no. 2, p. 99, 2016.

[2]   R. Iger, The Ride of a Lifetime: Lessons Learned from 15 Years as CEO of the Walt Disney Company. 2019.

[3]   Y. N. Harari, Sapiens: A Brief History of Humankind. 2017.

[4]   C. M. MacLeod, "Half a century of research on the Stroop effect: an integrative review.," Psychol. Bull., vol. 109, no. 2, p. 163, 1991.

[5]   I. Biederman and E. A. Vessel, "Perceptual pleasure and the brain: A novel theory explains why the brain craves information and seeks it through the senses," Am. Sci., vol. 94, no. 3, pp. 247–253, 2006.

[6]   K. Kunze, H. Kawaichi, K. Yoshimura, and K. Kise, "The wordometer—estimating the number of words read using document image retrieval and mobile eye tracking," in 2013 12th International Conference on Document Analysis and Recognition, 2013, pp. 25–29.

[7]   J. Kruger and F. Steyn, "Subtitles and eye tracking: Reading and performance," Read. Res. Q., vol. 49, no. 1, pp. 105–120, 2014.

[8]   D. Beymer, P. Z. Orton, and D. M. Russell, "An eye tracking study of how pictures influence online reading," in IFIP Conference on Human-Computer Interaction, 2007,

pp. 456–460.

[9]   P. Luegi, A. Costa, and I. H. Faria, "Using eye-tracking to detect reading difficulties," 2011.

[10]   K. D. Federmeier, "Thirty years and counting: Finding meaning in the N400 component of the event related brain potential (ERP)," NIH Public Access, pp. 621–647, 2014.

[11]   S. Kousaie, C. Laliberté, R. L. Zunini, and V. Taler, "A behavioual and electrophysiological investigation of the effect of bilingualism on lexical ambiguity resolution in young adults," vol. 9, no. December, pp. 1–14, 2015.

[12]   E. F. Lau, C. Phillips, and D. Poeppel, "A cortical network for semantics: (de) constructing the N400.," Nat. Rev. Neurosci., vol. 9, no. 12, pp. 920–933, 2008.

[13]   A. M. Proverbio, B. Cok, and A. Zani, "Electrophysiological measures of language processing in bilinguals.," J. Cogn. Neurosci., vol. 14, pp. 994–1017, 2002.

[14]   E. Kaan, A. Harris, E. Gibson, and P. Holcomb, "The P600 as an index of syntactic integration difficulty," Lang. Cogn. Process., vol. 15, no. 2, pp. 159–201, 2000.

[15]   N. K. Logothetis, "What we can do and what we cannot do with fMRI," Nature, vol. 453, no. 7197, pp. 869–878, 2008.

[16]   P. Fries, "A mechanism for cognitive dynamics: neuronal communication through neuronal coherence.," Trends Cogn. Sci., vol. 9, no. 10, pp. 474–80, 2005.

[17]   B. Z. Mahon and A. Caramazza, "A critical look at the embodied cognition hypothesis and a new proposal for grounding conceptual content," J. Physiol. Paris, vol. 102, no. 1–3, pp. 59–70, 2008.

[18]   L. Schilbach, "The Neural Correlates of Social Cognition and Social Interaction," Brain Mapp., vol. 3, no. March, pp. 159–164, 2015.

[19]   R. L. Moseley and F. Pulvermüller, "Nouns, verbs, objects, actions, and abstractions:

Local fMRI activity indexes semantics, not lexical categories," Brain Lang., vol. 132, pp. 28–42, 2014.

[20] L. Papeo, A. Lingnau, S. Agosta, A. Pascual-Leone, L. Battelli, and A. Caramazza, "The Origin of Word-related Motor Activity.," Cereb. Cortex, pp. 1–8, 2014.

[21] L. Aziz-Zadeh and A. Damasio, "Embodied semantics for actions: Findings from functional brain imaging," J. Physiol. Paris, vol. 102, no. 1–3, pp. 35–39, 2008.

[22] M. Kiefer and F. Pulvermüller, "Conceptual representations in mind and brain: Theoretical developments, current evidence and future directions," Cortex, vol. 48, pp. 805–825, 2012.

[23] D. Kemmerer and J. Gonzalez-Castillo, "The Two-Level Theory of verb meaning: An approach to integrating the semantics of action with the mirror neuron system," Brain Lang., vol. 112, no. 1, pp. 54–76, 2010.

[24] Y. Yang et al., "Concept encoding of human motor cortical neurons," Soc. Neurosci., 2014.

[25] Y. Yang et al., "Sensorimotor experience and verb-category mapping in human sensory, motor and parietal neurons," Cortex, vol. 92, 2017.

[26] F. Paas, J. E. Tuovinen, H. Tabbers, and P. W. M. Van Gerven, "Cognitive load measurement as a means to advance cognitive load theory," Educ. Psychol., vol. 38, no. 1, pp. 63–71, 2003.

[27] J. Sweller, "Cognitive load theory," in Psychology of learning and motivation, vol. 55, Elsevier, 2011, pp. 37–76.

[28] B. Benson and J. Manoogian, "Cognitive bias codex." 2018.

[29] Y. Yang, "A neural electrophysiological study of lexical stress parsing." University of Pittsburgh, 2013.

[30] H. Wu, X. Ma, L. Zhang, Y. Liu, Y. Zhang, and H. Shu, "Musical experience

modulates categorical perception of lexical tones in native Chinese speakers," Front. Psychol., vol. 6, p. 436, 2015.

[31] Kalina, C., & Powell, K. C. (2009). Cognitive and social constructivism: Developing tools for an effective classroom. Education, 130(2), 241-250.

[32] Daniel Wolpert's TED talk, The real reason for brains, Posted on TED, Nov, 2011

[33] Daniel, Kahneman. "Thinking, fast and slow." (2017).

[34] Li, Y., Zhou, X., Zhou, Y., Mao, F., Shen, S., Lin, Y., Zhang, X., Chang, T. H. & Sun, Q. (2020). Evaluation of the quality and readability of online information about breast cancer in China. Patient Education and Counseling.

[35] Tseng, H. C., Chen, B., Chang, T. H., & Sung, Y. T. (2019). Integrating LSA-based hierarchical conceptual space and machine learning methods for leveling the readability of domain-specific texts. Natural Language Engineering, 25(3), 331-361. (SSCI,SCIE)

[36] Lin, S. Y., Chen, H. C., Chang, T. H., Lee, W. E., & Sung, Y. T. (2019). (online first). CLAD: A corpus-derived Chinese Lexical Association Database. Behavior Research Methods. https://doi.org/10.3758/s13428-019-01208-2 (SSCI)

[37] Hsu, F. Y., Lee. H. M., Chang. T. H., & Sung, Y. T. (2018). Automated estimation of item difficulty for multiple-choice tests:An application of word embedding techniques. Information Processing and Management, 54, 969–984. (SSCI)

[38] Buzsáki, G. (2007). The structure of consciousness. *Nature*, *446*(7133), 267-267.

[39] Hoffman, B. B. (2013). Adrenaline. Harvard University Press.

[40] Plutchik, Robert Ed, and Hope R. Conte. *Circumplex models of personality and emotions.* American Psychological Association, 1997.

[41] Rizzolatti, Giacomo, and Laila Craighero. "The mirror-neuron system." *Annu. Rev. Neurosci. 27* (2004): 169-192.

[42] Shapiro, Lawrence. *Embodied cognition.* Routledge, 2019.

[43] Yang, Y., Dickey, M. W., Fiez, J., Murphy, B., Mitchell, T., Collinger, J., ... & Wang, W. (2017). Sensorimotor experience and verb-category mapping in human sensory, motor and parietal neurons. *Cortex, 92*, 304-319.

[44] McGlone, M. S.; J. Tofighbakhsh (2000). "Birds of a feather flock conjointly (?): rhyme as reason in aphorisms". Psychological Science. 11 (5): 424–428. doi:10.1111/1467-9280.00282. PMID 11228916.

[45] McGlone, M. S.; J. Tofighbakhsh (1999). "The Keats heuristic: Rhyme as reason in aphorism interpretation". Poetics. 26 (4): 235–244. doi:10.1016/s0304-422x(99)00003-0.

长短句错落，读起来才会动听

押韵的文字说服力强，因为它直接攻击我们的朗读通路

文章最后要"画龙点睛",进行点题和升华

能用简单的词，就不用复杂的词

每一句话只有一个中心思想，每一段落只有一个主题

当意思出现转折或变化时，一定要有关联词

用故事来产生代入感，把干货串联在故事中

一个能抓住人心的故事需要惊喜和幽默

巧用文学典故，妙笔生花

皮亚杰建构能让你快速成文

精彩故事公式

起（用危险或出人意料的开始抓住读者眼球）＋ 承（引起读 者的感同身受）＋ 转（用"定时炸弹"来炸出期待）＋ 合（重重困难和斗争与主角的大彻大悟）＝ 精彩的故事

比喻能降低大脑的理解难度，让人有画面感和熟悉感

拟人能帮助大脑理解与人类无关的自然现象和抽象概念

排比是用文字的重复给大脑划重点

如何制造让肾上腺素激增的故事

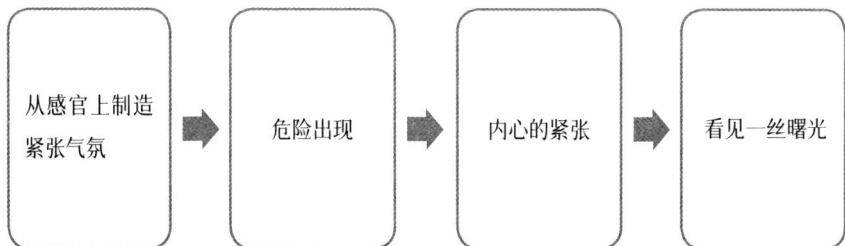

从感官上制造紧张气氛	危险出现	内心的紧张	看见一丝曙光

每个故事需要一个哲理，在结尾升华，否则就像吃牛肉面没加香菜

在情节上创造小闭环，让人有"意犹未尽"的感觉

激发人内心情感的写作步骤

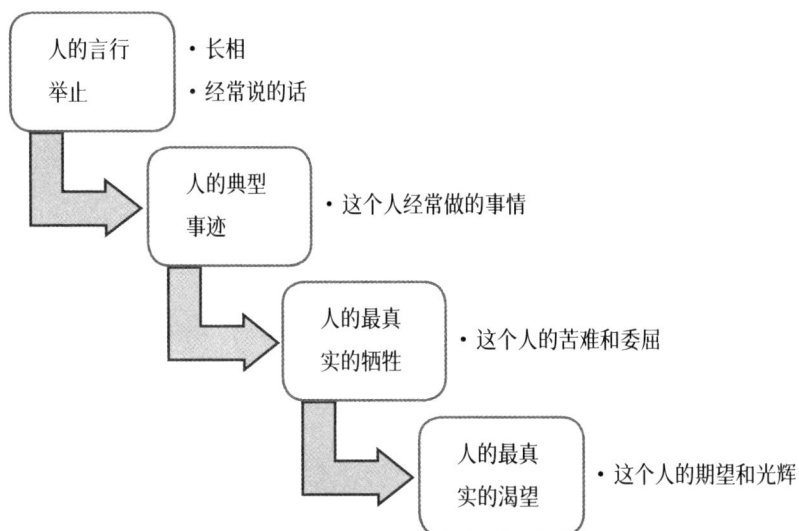

```
┌─────────┐
│ 人的言行 │   ·长相
│ 举止     │   ·经常说的话
└─────────┘
    │
    ▼
    ┌─────────┐
    │ 人的典型 │   ·这个人经常做的事情
    │ 事迹     │
    └─────────┘
        │
        ▼
        ┌─────────┐
        │ 人的最真 │   ·这个人的苦难和委屈
        │ 实的牺牲 │
        └─────────┘
            │
            ▼
            ┌─────────┐
            │ 人的最真 │   ·这个人的期望和光辉
            │ 实的渴望 │
            └─────────┘
```

用上一句的宾语当下一句的主语，能带来流畅感

文章写完后，看每句的句尾，如果发现格律不工整，可以用同义词替换

让文章连贯、顺滑的三个绝招：弧形结构、平仄和韵律

积累论点和论据的秘诀在于积累写作的 "乐高块"

议论文的故事、素材和论据，需要注意细节和精准度

"充分性与必要性"的论证结构

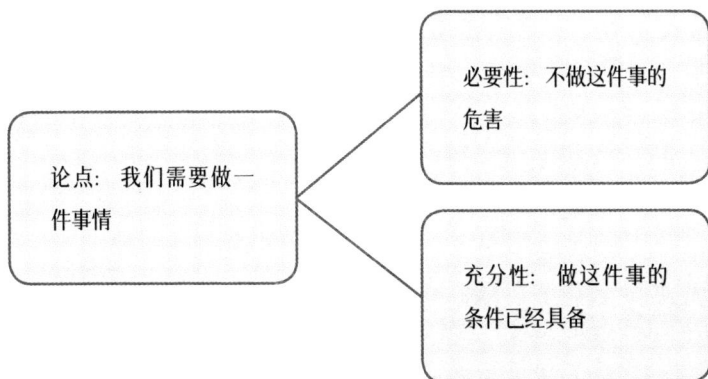

```
┌─────────────────────┐        ┌─────────────────────┐
│                     │        │  必要性：不做这件事的  │
│                     │        │  危害                │
│  论点：我们需要做一    │        └─────────────────────┘
│  件事情              │
│                     │        ┌─────────────────────┐
│                     │        │  充分性：做这件事的    │
│                     │        │  条件已经具备          │
└─────────────────────┘        └─────────────────────┘
```

当我们遇见一个争议很大的话题时，把"正方"和"反方"的观点都亮出来，最后再做一个总结

列出一个问题的多个方面是议论文最简单的一种组织方式

"规律与特例"的论证结构

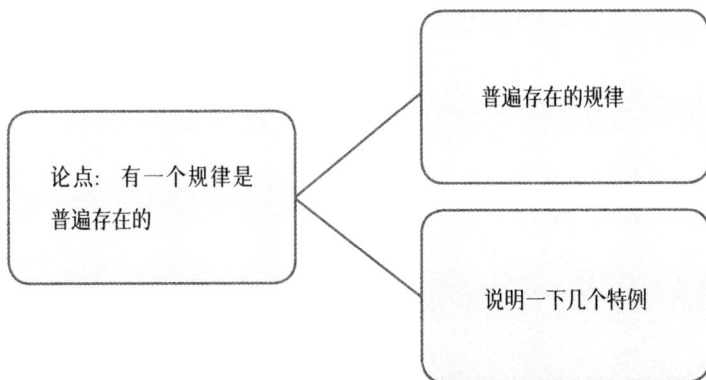

```
┌─────────────────────┐                    ┌─────────────────────┐
│                     │                    │                     │
│  论点: 有一个规律是    │────────────────────│   普遍存在的规律      │
│  普遍存在的           │                    │                     │
│                     │                    └─────────────────────┘
│                     │
│                     │                    ┌─────────────────────┐
└─────────────────────┘                    │                     │
                                           │   说明一下几个特例    │
                                           │                     │
                                           └─────────────────────┘
```

"双向分离"的论证结构

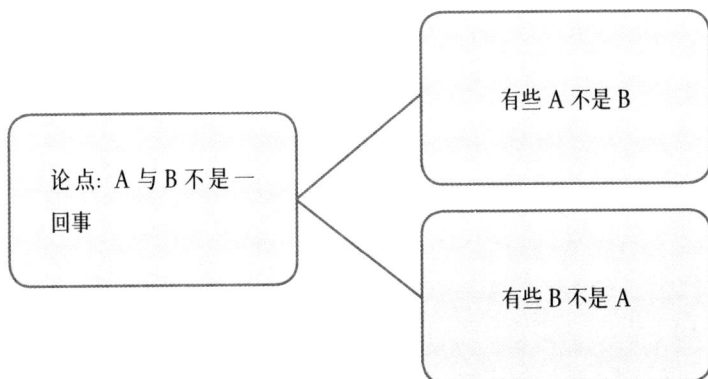

```
┌─────────────────────┐              ┌─────────────────────┐
│                     │              │                     │
│  论点: A 与 B 不是一   │ ───────────  │    有些 A 不是 B      │
│  回事               │              │                     │
│                     │              └─────────────────────┘
└─────────────────────┘
                       ───────────  ┌─────────────────────┐
                                    │                     │
                                    │    有些 B 不是 A      │
                                    │                     │
                                    └─────────────────────┘
```

一篇议论文的拼接结构

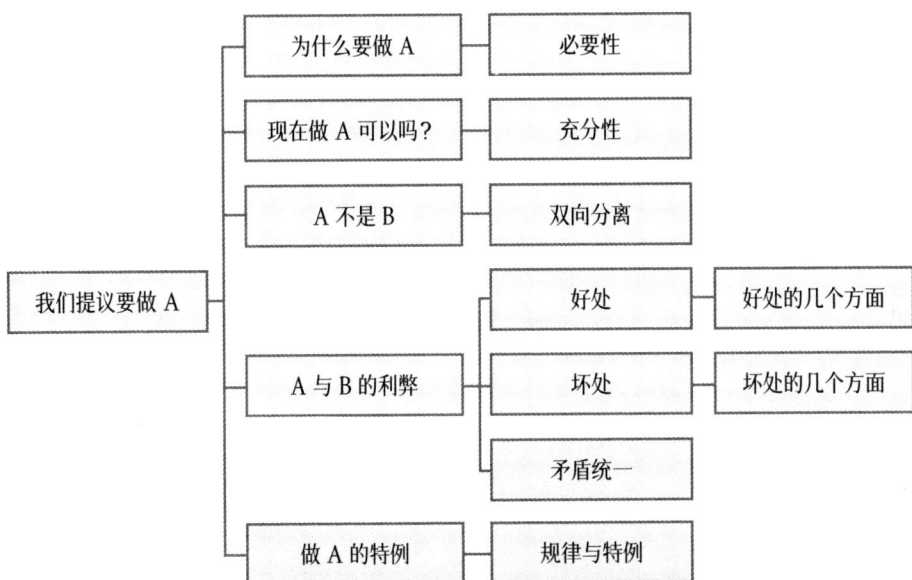

```
                    ┌─ 为什么要做 A ──── 必要性

                    ├─ 现在做 A 可以吗? ── 充分性

                    ├─ A 不是 B ──── 双向分离
                    │
                    │                  ┌─ 好处 ──── 好处的几个方面
我们提议要做 A ──┤                  │
                    ├─ A 与 B 的利弊 ──┼─ 坏处 ──── 坏处的几个方面
                    │                  │
                    │                  └─ 矛盾统一
                    │
                    └─ 做 A 的特例 ──── 规律与特例
```